Sem Açúcar!

Um plano para emagrecer e mudar sua vida

DAVID GILLESPIE

EDITORA FUNDAMENTO

Para Lizzie, Anthony, James, Gwendolen,
Adam, Elizabeth e Finlayson.

2017, Editora Fundamento Educacional Ltda.

Editor e edição de texto: Editora Fundamento
Editoração eletrônica: TGK Comunic Ltda. (Marcio Luis Coraiola)
Lorena R Mariotto Edição de Livros (Bella Ventura)
CTP e impressão: SVP - Gráfica Pallotti
Tradução: Capelo Traduções e Versões Ltda. (Neuza Maria Simões Capelo)
Arte da capa: Zuleika Iamashita

Dados Internacionais de Catalogação na Publicação (CIP)
(Maria Isabel Schiavon Kinasz)

Gillespie, David
G478 Sem açúcar - um plano para emagrecer e mudar sua vida / David Gillespie ; [versão brasileira da editora] – 1. ed. – São Paulo, SP : Editora Fundamento Educacional Ltda., 2017.

Título original: The Sweet Poison Quit Plan

1. Obesidade. 2. Dieta de emagrecimento. 3. Açúcar na nutrição humana. I. Título.

CDD - 616.398 (22. ed.)
CDU - 613.24

Índices para catálogo sistemático:
1. Obesidade
2. Dieta de emagrecimento
3. Açúcar na nutrição humana

Fundação Biblioteca Nacional

Depósito legal na Biblioteca Nacional, conforme Decreto nº 1.825, de dezembro de 1907.

Impresso no Brasil

Telefone: (41) 3015 9700
E-mail: info@editorafundamento.com.br
Site: www.editorafundamento.com.br

Esse livro foi impresso em papel pólen soft 80g/m² e a capa em papel-cartão 250 g/m².

Sem Açúcar!

DAVID GILLESPIE

As informações deste livro não pretendem substituir a consulta com um médico ou algum outro profissional de saúde. O editor e o autor não se responsabilizam por efeitos adversos ou consequências que possam resultar do emprego de sugestões, procedimentos ou preparações aqui mencionadas. Todas as questões relativas à saúde devem ser discutidas com o seu médico.

Sumário

Introdução

Açúcar engorda. É convertido diretamente em gordura pelo fígado e prejudica o controle da fome, fazendo com que você queira comer mais de tudo. Quanto mais açúcar você comer, mais vai engordar. Se parar de consumir açúcar, vai parar de ganhar peso. Melhor ainda: vai ver o seu peso reduzir-se drasticamente, embora continue a comer de tudo, desde que não contenha açúcar. E não vai sentir a menor falta. Na verdade, não vai ter a impressão de estar fazendo dieta. Porque não estará, mesmo.

Perdi 40 quilos apenas com a eliminação do açúcar da minha vida. Decorridos cinco anos, não recuperei o peso anterior. Não tive de administrar uma dieta – o que ninguém em seu juízo perfeito quer fazer. Simplesmente eliminei a substância que me deixava gordo e doente: açúcar. Existe, porém, um problema. (Você sabia que ia aparecer um, não é?) O açúcar vicia tanto quanto a nicotina. Portanto, para livrar-se dele, é preciso adotar algumas técnicas.

Este livro expõe um plano em quatro etapas, para acabar com a dependência do açúcar. Nenhuma delas é dolorosa ou difícil. Se seguir as regras direitinho, vai abandonar a dependência do açúcar muito antes do que espera e descobrir-se a caminho de ser para sempre uma pessoa mais magra e mais saudável.

Nem eu nem você nos lembramos da primeira vez que provamos açúcar. Talvez tenha sido no primeiro suquinho de maçã. O açúcar é a única droga altamente viciante oferecida aos bebês. Quando tomamos consciência do açúcar, já estamos viciados. Já tivemos o cérebro programado, assim como o dependente de cocaína.

Geralmente não se pensa no açúcar como droga. Não é preciso ir à procura de tipos estranhos, em cantos escuros, para comprar açúcar. Os produtos doces não trazem advertências no rótulo. E as autoridades sanitárias até recomendam o consumo (com moderação, é claro). No entanto, pesquisas mostram que o açúcar vicia. Não faz ninguém "viajar" nem perder a cabeça, mas age de maneira sutil, insidiosa, "posso parar quando quiser" - mais ou menos como a nicotina.

Os fumantes, em sua maioria, acreditam-se capazes de abandonar facilmente o vício. Até tentarem. Somente então descobrem que parar não é nada fácil. No entanto, em comparação a um viciado em açúcar, a tarefa do fumante é realmente fácil.

O fumante é dependente de nicotina - substância encontrada em cigarros, charutos, tabaco e inseticida. Não é o tipo de coisa que se encontra por acaso. As pessoas consumem nicotina por opção. Se você decidir que não quer mais ser dependente de nicotina, a lista de providências a tomar é muito curta:

1. Não ponha um cigarro na boca.
2. Caso se pegue com um cigarro na boca, não acenda.
3. Não beba inseticida.

Agora, imagine como seria difícil abandonar o vício do fumo, se a nicotina estivesse presente em tudo que você come e bebe - tal como o açúcar. Diferentemente de fumar, comer não é opcional.

Este livro trata da interrupção da dependência do açúcar. Meu primeiro livro, "Sweet Poison: Why sugar makes us fat" ("Doce Veneno: por que açúcar engorda", em tradução literal) traz estudos científicos acerca dos malefícios do açúcar. Nele, registro minha jornada, de gordinho ignorante a sujeito saudável e bem informado. Não sou médico nem bioquímico. Na verdade, não possuo conhecimento algum de medicina. Eu era apenas um advogado gordo com uma necessidade desesperada dc saber por que não conseguia perder peso, por mais que tentasse.

Tive de estudar publicações da área médica, para entender o que diziam e reconhecer a diferença entre pesquisas dignas de crédito e opiniões sem comprovação. Usei minha experiência na área jurídica para reunir indícios contra e a favor da ideia de que o açúcar é causa de muitas (se não a maioria) doenças crônicas que enfrentamos atualmente – inclusive a obesidade.

Para não esquecer o que reuni, tomei notas que serviram de base a um livro para pessoas que querem saber por que o açúcar mata. "Sweet Poison" é também um estudo de caso (de um caso) que documenta as descobertas da ciência e conta como usei o que aprendi para mudar minha vida. Os primeiros capítulos deste livro fazem um resumo de boa parte disso.

"Sweet Poison", porém, não trata cientificamente da dependência. Essa é uma área da medicina que se expandiu significativamente nos últimos anos e a principal razão desse avanço são as descobertas acerca da mecânica do funcionamento do cérebro. Esse conhecimento inclui ideias muito claras sobre como se desorganizam tais mecanismos. No decorrer do livro, são abordados alguns dos recentes estudos sobre dependência.

Depois de convencê-lo de que o açúcar engorda, causa diabetes, entope as artérias e favorece o mal de Alzheimer (para citar só alguns "feitos"), vou ensinar direitinho como se abandona a dependência. Você não vai precisar de uma excepcional força de vontade nem de enfrentar privações. Mas há algumas regras que deverão ser obedecidas, embora possam ser descartadas depois de atingido o objetivo. A maioria das pessoas não sente falta de cocaína nem precisa de força de vontade para não comprar. Isso porque elas não são dependentes de cocaína. De maneira semelhante, uma vez superada a dependência de açúcar, você não vai precisar de força de vontade nem vai sentir falta dele.

Faz muita diferença não ter de ficar repetindo "Estou experimentando uma nova dieta". Meus amigos com certeza me chamam de "o sujeito que desiste". (Caberia também "a garota que vive de dieta"?)

Faz mais ou menos dez dias que venho evitando o açúcar e perdi 2,5 quilos – fantástico! E tão fácil... Faço caminhadas porque me dá prazer e descobri versões, sem adição ou com redução de açúcar, dos alimentos que mais me agradam – com exceção do chocolate. Ainda ontem me ofereceram no trabalho e não me interessei.

Bushturkey*

* Os estudos de caso neste livro reproduzem postagens do Sweet Poison Forum, encontrado em http://sweetpoison.myfreeforum.org/índex.php

Vê-se que você é muito inteligente (afinal, comprou este livro, não?). Então, talvez já tenha identificado a minha primeira regra: nunca me refiro ao processo como "abandonar o açúcar". "Abandono" implica privação. Se considerar o processo uma privação, nunca vai se livrar de dependência alguma. Uma atitude adequada é de importância crucial para o sucesso, e isso inclui a sua visão do que está fazendo. Você não está abandonando o açúcar, e sim livrando-se da dependência. Para começar, diga isso a todo mundo. E vá em frente!

A maior parte dos livros que tratam de dietas trazem regras e procedimentos complicados. *Você só pode comer uma uva orgânica colhida por um gorila na região nordeste do monte Kilimanjaro, entre 14h32 e 15h17, em uma terça-feira de agosto. Equilibre-se em um pé só e coma a uva com alface, toda sexta-feira antes do meio-dia.* Aliado a toda essa complexidade vem um conjunto bem básico de suposições sobre o funcionamento do corpo. *Gordura engorda. Exercício emagrece. O fígado precisa ser desintoxicado (com limão?).*

Este livro é exatamente o oposto. As regras são simples e liberais. *Coma o que quiser, desde que não seja doce. Coma quando e quanto tiver vontade e só pare quando alcançar a saciedade.* Simples. Mas as razões para essas regras se baseiam em análises cuidadosas e detalhadas do modo como o corpo processa o alimento: os hormônios envolvidos e as consequências negativas. Em outras palavras, este não é um livro de dietas com suposições simples e regras complexas; é um livro antidieta, com evidências detalhadas e regras simples.

Em inglês, dá-se o nome de "bright-line rules". Isso acontece quando, com base em alguns fatos objetivos, o resultado é conhecido e previsível em todas as ocasiões, aconteça o que acontecer. Estas regras claras e bem definidas se distinguem das mais abrangentes, que dão margem a interpretações pessoais, muitas vezes baseadas na emoção. Todo dia nos deparamos com regras claramente definidas. Por exemplo: a legislação determina uma velocidade máxima. Circunstância alguma deve ser levada em conta. Ao agente da lei só importa a relação entre a velocidade desenvolvida pelo motorista e o limite estabelecido.

Um exemplo de regra que dá margem a negociação é a que contabiliza os pontos na carteira de motorista. Você pode recorrer e apresentar explicações. Razões aceitáveis e condições possíveis serão consideradas, em uma análise caso a caso.

Nutricionistas não são bons em estabelecer regras claras. "Consumir açúcar com moderação" não é uma regra clara, porque o significado de "moderação" é pessoal. No entanto, quando de trata de interromper uma dependência, não pode haver regras maleáveis. Assim, nestas páginas você vai encontrar somente regras inegociáveis, para livrar-se da dependência e ficar definitivamente longe do açúcar.

Em Renovação do estoque (página 85), vou orientá-lo pelo campo minado – de açúcar – conhecido como supermercado. O Planejamento das Refeições (página 113) apresenta um plano básico para uma alimentação sem açúcar. Uma vez "na estrada", podem ser usadas as Receitas (página 166), onde se encontram verdadeiras iguarias que você nunca imaginaria pudessem ser feitas sem açúcar. O mais importante é que neste livro encontram-se as regras necessárias (há um resumo na página 146) a que você atravesse o período inicial e transite em uma sociedade onde quase todo mundo é dependente.

Ao fim deste livro, você saberá como livrar-se definitivamente do açúcar. Uma vez implementadas as regras, você nunca mais vai precisar de açúcar. E sem sacrifício algum!

Capítulo 1

DOCE VENENO

Açúcar engorda. Nenhuma dúvida quanto a isso. Entre os mais de 3 mil trabalhos feitos nos últimos 15 anos, não houve um só que contestasse esse ponto básico. No entanto, por motivos que exploro em "Sweet Poison" e aprofundo ainda mais no meu blog (www.raisin-hell.com), vai ser muito difícil você encontrar, escrita em qualquer lugar, a regra inegociável mais importante. Aqui está ela:

NÃO COMA AÇÚCAR.

Ainda que não se lembre das outras regras, nunca se esqueça dessa, que todo guia de nutrição deveria trazer impressa em negrito. Em vez disso, os guias transmitem a mensagem "Tudo moderadamente", ao mesmo tempo vaga (moderação é um conceito individual) e enganosa (sugere que exista um nível seguro de consumo).

Açúcar e nutrição – uma breve história

Em 1810, o açúcar era quase mais raro que uma galinha com dentes. Havia uma boa razão para isso: custava incrivelmente caro. Não tinha sido encontrado ainda um processo comercialmente viável de transformar o açúcar de cana em belos e convenientes cristais brancos. Os métodos disponíveis eram, sobretudo, manuais e pouco confiáveis – daí o custo. Para comer alguma coisa doce, não bastava dar um pulinho na loja da esquina; era preciso plantar uma árvore e esperar a safra ou, para os realmente aventureiros, reunir algumas abelhas e convencê-las a ceder o mel que fabricavam. Isso mesmo: só havia duas opções de adoçante. Não admira que os doces fossem limitados nas mesas de jantar comuns.

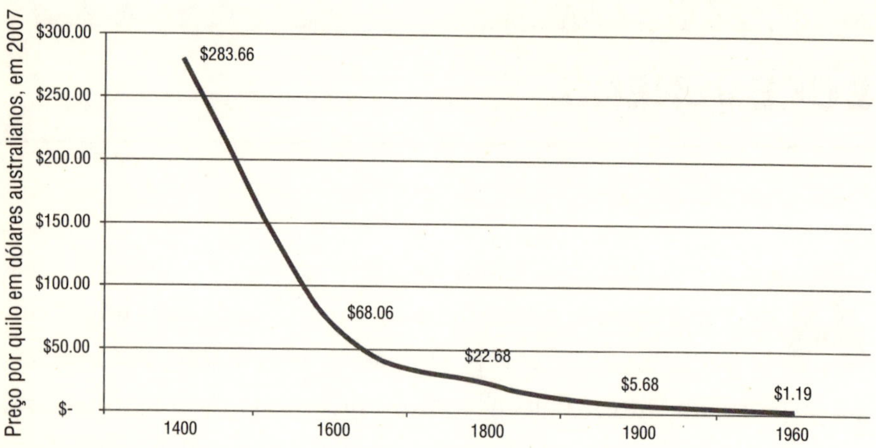

Figura 1.1: Preço do açúcar no varejo entre os anos de 1400 e 1960. Antes de 1800, o açúcar era cotado e usado como condimento.

Em 1910, os alimentos à base de açúcar começavam a fazer parte da alimentação. Na Inglaterra, a fábrica Cadbury lançava a barra Dairy Milk Chocolate, o primeiro produto de chocolate embalado. (Antes, comercializava apenas bebida de cacau.) Nos Estados Unidos, Coca-Cola e Pepsi-Cola não passavam de pequenas fábricas que funcionavam no fundo das farmácias de seus inventores, mas cresciam rapidamente. A média do total de vendas das duas bebidas era de uma colher de chá de cola por ano para cada homem, mulher e criança, nos Estados Unidos. Somente daí a 14 anos os cereais para o café da manhã começaram a ser comercializados na Austrália, enquanto na mesma época os crentes que foram à igreja no primeiro domingo de outubro, para celebrar a unidade cristã e a cooperação ecumênica, puderam provar suco de laranja que não tinham espremido com as próprias mãos. Decorridos 40 anos, os australianos conheceram o suco de laranja enlatado. Sem refrigeração, os sucos tendem a estragar rapidamente, e embora o refrigerador fosse conhecido desde antes da Segunda Guerra Mundial, os preços eram proibitivos. Somente com o fim da guerra e a produção em massa, as geladeiras chegaram aos lares da classe média dos Estados Unidos.

Em 1910, eram poucos os obesos naquele país e vêm de lá os únicos dados confiáveis desse estágio inicial. Pelos padrões atuais, de cada cinco pessoas, quatro seriam consideradas magras. Nem se falava em doença cardíaca. (Elas provavelmente existiam, mas afetavam um número tão reduzido de pessoas que não havia diagnósticos regulares.) Pelos 25 anos seguintes, a cardiologia nem seria necessária, como área de especialização da medicina. Ninguém enriquecia vendendo dietas ou programas de exercícios em academias. Não havia suficiente interesse em alimentação, para servir de tema a publicações. O primeiro exemplar da conhecida revista feminina australiana Women's Weekly só deixou as prensas daí a um quarto de século, e passou-se meio século até que os Vigilantes do Peso fizessem sua primeira reunião.

Se dermos um salto até a década de 60, veremos que as coisas mudaram muito. O açúcar está em toda parte. Coca-Cola e Pepsi-Cola se tornaram gigantes da indústria alimentícia. Sucos de frutas podem ser adquiridos, refrigerados e servidos em todas as refeições. Barras de chocolate assumiram a posição de seiva vital do império em que se transformou a fábrica inglesa de Cadbury. E seguidores, como Nestlé e Mars, não ficam muito atrás. A oferta de cereais para o café da manhã ampliou-se, dos flocos de milho comercializados na década de 20 para milhares de misturas açucaradas, e as vendas desses produtos dobram a cada nove anos. Assim como dobrou, no período de cinco décadas, o número de pessoas acima do peso.

Na década de 60, doenças cardíacas – então endêmicas – eram responsáveis por duas em três mortes prematuras nos Estados Unidos. Em matéria de saúde, via-se claramente um desastre em progresso, e formavam-se cardiologistas em número jamais visto em qualquer profissão. As faculdades de medicina recebiam polpudos investimentos. Grandes programas de pesquisas lançados pelos laboratórios farmacêuticos recebiam recursos governamentais, para azeitar as engrenagens.

A busca de respostas acompanhou a criação de um novo campo de trabalho: nutrição humana. Os profissionais do setor receberam a incumbência de descobrir por que, de repente, as pessoas começaram a morrer de doença cardíaca. A explicação não demorou a surgir: acúmulo de gordura (colesterol) nas artérias, devido ao consumo de alimentos gordurosos. Segundo foi observado, aquelas pessoas pouco se exercitavam. Então, concluiu-se que a falta de exercício causava a obesidade. Não se deu, porém, atenção à alternativa igualmente viável de que os gordos não se exercitavam *porque* eram gordos.

Desde a década de 40, pelo menos, os médicos defendiam a ideia de que mais exercício leva a mais comida. Assim, em sua maioria afirmavam ser o repouso o melhor tratamento para a obesidade. Segundo um livro bastante popular na época ("Obesity and Leanness" - "Obesidade e magreza", em tradução literal - de Hugo R. Rony, publicado em 1940), o lenhador come duas vezes mais que o alfaiate; portanto, "um vigoroso exercício muscular geralmente resulta em demanda imediata de uma refeição pesada". Em vista disso, não admira que, a partir de então, sucessivos estudos não tenham estabelecido ligação direta entre perda de peso e exercício.

No entanto, nem essa argumentação nem a divergência dos profissionais da medicina impediram que os nutricionistas se manifestassem. O maior defensor da mensagem "exercício emagrece" foi o influente nutricionista franco-americano Jean Mayer. Auxiliada e incentivada pelas recém-criadas indústrias de roupas e sapatos esportivos, a mensagem ganhou força a ponto de atualmente nos depararmos com numerosas campanhas patrocinadas pelo Estado no sentido de apontar o exercício como solução para o problema do excesso de peso.

Segundo os nutricionistas, a outra causa da obesidade resume-se à coerente ideia de que "você é o que come". Parecia óbvio, mesmo ao profissional menos observador, que quem come gordura engorda. Sob o estímulo dessa nova leva de especialistas, todos adotamos dietas pobres em gordura e a prática do recém-criado jogging. Nunca antes, na história da humanidade, tinha sido preciso correr com um objetivo que não fosse conseguir comida ou fugir do perigo; nunca se haviam desenvolvido calçados especificamente para a corrida; e nunca houvera necessidade de ambientes para exercício físico, a não ser nas prisões. Impérios de fabricação de roupas esportivas e locais para "malhação" surgiram em um piscar de olhos. Fábricas de alimentos começaram a produzir tudo com redução de gordura. Passamos a comer mais cereais no café da manhã e beber mais sucos ou refrescos, porque não continham o mal (a gordura). Até os médicos fizeram sua parte: usaram todo o dinheiro disponível para descobrir meios de substituir trechos de artérias obstruídas por pedaços retirados das nossas pernas. Como resultado, a letalidade das doenças cardíacas foi reduzida à metade, caindo para "apenas" uma em cada três mortes. Infelizmente, porém, a incidência de obesidade não diminuiu.

Nos 50 anos a partir do surgimento da profissão de nutricionista, quando passamos a ouvir o que dizem esses especialistas, a porcentagem de pessoas com sobrepeso dobrou novamente. Hoje o magro é exceção. Os números mostrados na figura 1.2 referem-se aos Estados Unidos. Os americanos aparecem na dianteira, mas os australianos, por exemplo, não estão muito atrás. Na Austrália, somente na última década, o número de indivíduos com sobrepeso ou obesos saltou de 41,1%, em 1998, para 59,3% da população adulta.

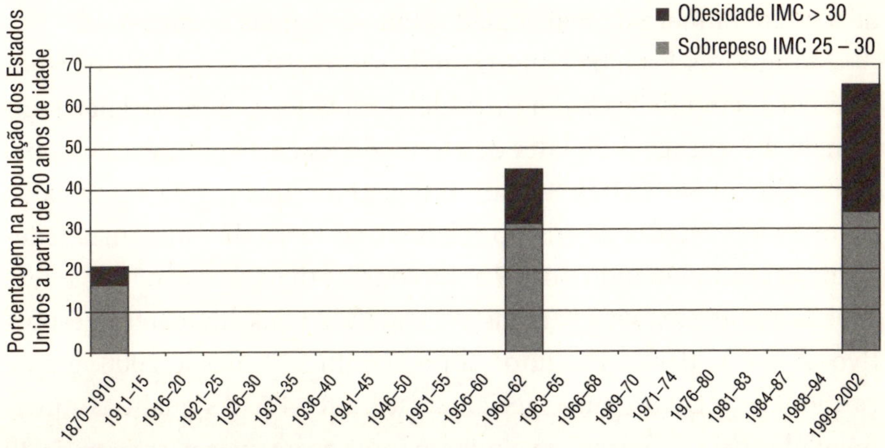

Figura 1.2: Indivíduos obesos e com sobrepeso na população adulta dos Estados Unidos

O diabetes tipo 2, que até 1965 nem era reconhecido como doença, agora assume o papel de assassino. Os sistemas de saúde sofrem com os tratamentos das complicações do que se acredita serem doenças relacionadas ao excesso de peso, as quais não existiam há 50 anos. Diante desses dados, as autoridades, como de costume, apontam o dedo acusador para as "massas irresponsáveis", que não atenderam aos conselhos dos especialistas: menos comida e mais exercício. Mas os números contam uma história diferente.

De uns 20 anos para cá, o consumo de gordura vem em declínio constante. Equipamentos para a saúde, academias de ginástica e indústrias voltadas à redução de peso passaram de zero a bilhões de dólares em 30 anos. Esqueça o boom da internet; o boom da indústria da "saúde" supera todos os outros na história da economia.

De acordo com a Australian Sports Commission, no ano de 2008 mais de 70% dos australianos se exercitaram pelo menos uma vez por semana e quase 50% praticaram esportes três vezes ou mais por semana. No entanto, esses números devem ser tratados com cautela, pois os formulários de pesquisa foram preenchidos pelos próprios entrevistados. (Todos tendemos a praticar mais exercício quando respondemos a pesquisas!) O dinheiro pode ser um indicador mais confiável. Segundo o Australian Bureau of Statistics, entre 1998 e 2004 foram gastos mais 20% em atividade física, aí incluído um incrível aumento de 92% no número de matriculados em academias de ginástica.

Mesmo nos Estados Unidos, onde são registrados todos os tipos de recordes indesejáveis em casos de obesidade, os números não confirmam a mensagem de falta de atividade física. Segundo a National Federation of State High School Associations, que regula a prática de esportes nas escolas de ensino médio, o número de estudantes federados vem aumentando por 19 anos consecutivos. E isso não se refere apenas aos jovens; seus pais gastam cada vez mais em material esportivo. A venda desses produtos aumentaram 35% desde 2000, e a de calçados esportivos, em especial, cresceram 44%. As quantias movimentadas pelo comércio de equipamentos esportivos passaram de 30 bilhões de dólares para quase 70 bilhões – mais do dobro!

Pode ser, no entanto, que as matrículas em academias de ginástica e os armários cheios de equipamentos esportivos sejam meios de dar a impressão de que estamos nos exercitando. Isso acontece, pode acreditar. Um teste melhor seriam as atividades físicas pelas quais só pagamos quando realmente usamos. O treinamento individual é um setor de forte crescimento nos Estados Unidos e na Austrália. Em 1999, havia 127.310 "personal trainers" nos Estados Unidos. Em 2007, esse número tinha quase dobrado: 219.990 profissionais. Na Austrália, os dados indicam tendência semelhante. Pelo censo de 2006, 13.800 entrevistados se disseram instrutores de atividade física – bem mais numerosos que os 7.669 do censo de 1996.

Os números não mentem. Embora a maioria se exercite mais do que antes, estamos engordando com uma rapidez alarmante. E esse não é um fenômeno localizado; na Grã-Bretanha, por exemplo, hoje em dia muito mais gente pratica a quantidade recomendada de exercício (pelo menos 30 minutos de atividade com moderada intensidade, no mínimo cinco vezes por semana). Uma pesquisa feita há 12 anos não mostrava isso. E, nos últimos cinco anos, a quantia gasta em academias de ginástica cresceu em 50%, chegando a mais de 1,25 bilhões de liras anuais.

Eu sei como é difícil. Já tentei de tudo, desde caminhar quilômetros até passar fome...

O corpo humano é maravilhoso: gosta de tomar conta de si. Assim, quanto mais eu me exercitava, mais meu corpo sentia fome, para compensar a exigência extra. E, quando deixei de consumir certas comidas, meu metabolismo ficou mais lento, porque o corpo precisava de todos os grupos de alimentos, para funcionar com eficiência. E mais: quando reduzi a quantidade de comida, meu corpo passou a armazenar em forma de gordura tudo que eu comia, tentando recuperar as reservas, de modo que eu não morresse de fome.

Portanto, fiz de tudo para perder peso. Hoje, no entanto, posso dizer que perdi 10 quilos nos últimos seis meses, comendo mais do que nunca os alimentos de todos os cinco grupos. Não faço e não farei dieta pelo resto da vida. Vou comer de tudo que me agrada.

Há pelo menos 30 anos não me sentia tão saudável, e sem sacrifício algum!

Talvez eu pareça estar fazendo propaganda, mas foi o que aprendi desde que comecei a ganhar peso sem motivo. Bem... eu pensava que não houvesse motivo. O culpado é o inocente açúcar.

Marita

Indústrias que utilizam açúcar (Cadbury, Coke, Pepsi, Mars e Nestlé, por exemplo), que um século atrás mal existiam, hoje acomodam-se confortavelmente sobre receitas anuais de bilhões de dólares. Fabricantes de cereais para o café da manhã alcançam centenas de milhões de dólares em lucros, e metade da safra de milho dos Estados Unidos transforma-se no açúcar que entra na composição de refrigerantes. Há um elefante na sala? A indústria do açúcar, muito mais poderosa do que foi a indústria do tabaco ("Big Tobacco" – termo aplicado pejorativamente à indústria do fumo em geral), garante que não é nada disso e desvia a nossa atenção, usando aquela conversa de "tudo com moderação". No entanto, o elefante está cada vez maior e mais difícil de ignorar. Os pesquisadores, que durante décadas não conseguiram comprovar que uma alimentação rica em gordura faz os ratos mais gordos, concluíram que uma alimentação rica em açúcar não apenas engorda como favorece o aparecimento de doenças cardíacas, diabetes tipo 2, gordura no fígado e atrofia dos testículos.

Esses estudos foram desprezados ou varridos para baixo do tapete pelo Poderoso Açúcar (habilmente assistido por nutricionistas). Todo mundo sabe que uma dose suficientemente grande de qualquer coisa pode levar o rato a adoecer – ou morrer. Mas então a indústria do açúcar preferiu procurar outras respostas. Os laboratórios farmacêuticos, que tinham enriquecido com as drogas para redução do colesterol, passaram a pesquisar a "cura" da obesidade e do diabetes tipo 2.

Quando se quer descobrir uma droga eficaz, não basta supor que gordura causa obesidade ou diabetes nem é suficiente presumir que o exercício físico seja capaz de mudar esse quadro. Bioquímicos (incluídos na folha de pagamento dos laboratórios) começaram a estudar o que realmente acontece ao alimento que ingerimos, em vez de tentar adivinhar, como faziam os nutricionistas. O dinheiro tende a focar a atenção dos pesquisadores, e houve muito progresso de 1990 a 2009. Foram descobertos hormônios ligados ao apetite e, após duas décadas de trabalho, surgiu o consenso científico quanto à digestão dos alimentos e ao funcionamento do sistema de controle do apetite.

As pesquisas concluíram que fomos feitos para o equilíbrio. Assim como outros animais, só engordamos quando nosso sistema de controle do apetite é prejudicado de algum modo. Essa descoberta teve importância crucial. É simplesmente implausível sugerir que, de repente, mais de 70% da população perdesse a capacidade de comer adequadamente. Alguma coisa deve ter afetado o nosso controle do apetite durante os últimos 150 anos.

Grupos de alimentos primários

O alimento pode ser dividido em três grupos primários:

Carboidratos estão presentes em vegetais e sementes comestíveis, tais como frutas, legumes, grãos e açúcares. Uma vez que já não vivemos tão perto da terra, os carboidratos chegam a nós sob a forma de alimentos altamente processados – pães, biscoitos e cereais para o café da manhã. Os carboidratos se formam quando os vegetais transformam a energia da luz solar em açúcar e o armazenam.

Proteínas são compostos orgânicos encontrados, sobretudo, na carne. As proteínas se formam quando o animal come carboidratos. Os animais (nós, inclusive) usam os carboidratos para gerar energia e usar as proteínas para o desenvolvimento de músculos, principalmente. Os onívoros como nós conseguem encurtar o processo de transformação da planta em músculo, comendo outros animais e "roubando" deles as proteínas.

Gorduras são sistemas para armazenamento de energia utilizados pelos vegetais (óleos) e animais (gorduras). Por não conterem água, as gorduras conseguem armazenar quase o dobro da energia encontrada em uma quantidade equivalente de carboidrato ou proteína. As gorduras são um ótimo recurso para um animal que tenha passado algum tempo sem comer. Basta consumir um pouco de gordura que obterá energia instantaneamente.

Quando cessaram os palpites e começaram as pesquisas, os hormônios contaram a história. Ao consumirmos gordura e proteína, o intestino libera um hormônio que nos diz quando estamos satisfeitos. Ao consumirmos carboidratos, outro hormônio é liberado pelo pâncreas, com o mesmo efeito.

No entanto, existe um carboidrato que *não* dispara o controle do apetite: frutose. Metade da composição da frutose é açúcar. (Veja o quadro da página 23.) Tudo que contém açúcar contém frutose. Uma vez que o nosso corpo não detecta a frutose como alimento, o fígado a converte imediatamente em gordura. Você ainda nem terminou de beber o copo de suco de maçã, e a frutose contida no primeiro gole já está circulando, em forma de gordura, na sua corrente sanguínea.

Os açúcares importantes

O sistema digestivo decompõe os carboidratos em açúcares simples. Só existem três açúcares simples importantes: glicose, frutose e galactose. Todos os outros açúcares encontrados no dia a dia, inclusive a sacarose, são simples combinações desses três.

Glicose é o mais abundante dos açúcares simples. Quase todos os alimentos (exceto a carne) contêm quantidades significativas de glicose. Até a proteína da carne é convertida em glicose pelo sistema digestivo. A glicose é nosso principal combustível; não existimos sem ela.

Galactose só se encontra em nosso ambiente em pequenas quantidades, especialmente em forma de lactose nos laticínios, onde se junta a uma molécula de glicose.

Frutose, também relativamente rara na natureza, é encontrada sobretudo em frutas maduras – razão de ser chamada "açúcar de fruta". Aparece, em geral, associada à glicose e é responsável pelo sabor adocicado dos alimentos. Assim como nas frutas, a frutose está naturalmente presente no mel (40%), no xarope de bordo (35%) e no xarope de agave, uma planta suculenta de origem mexicana (90%).

Sacarose (açúcar) é a substância em que pensamos, quando alguém se refere ao açúcar de mesa. A sacarose se compõe de glicose e frutose, meio a meio. Açúcar mascavo, açúcar refinado, açúcar bruto e açúcar de baixo índice glicêmico – tudo é sacarose.

A conversão imediata do açúcar em gordura circulante não teria tanta importância se não consumíssemos tanta frutose. Mas consumimos muita. Na Austrália, por exemplo, em 1810, a principal fonte de frutose para cada habitante era, em média, um ocasional pedaço de fruta madura. E só se encontrava a fruta perto do local onde era produzida; não havia aviões refrigerados para levar bananas do Brasil à Austrália no meio do inverno. O consumo de fruta, mais uma porção de mel, representava no máximo 1 quilo de frutose por ano.

Na década de 60, quando duas em três mortes prematuras eram causadas por doença cardíaca, cada americano consumia, em média, 24 quilos de frutose por ano. Os cereais para café da manhã, sucos de frutas e refrigerantes, introduzidos logo após a Segunda Guerra Mundial, foram o principal motivo da enorme elevação no consumo de açúcar.

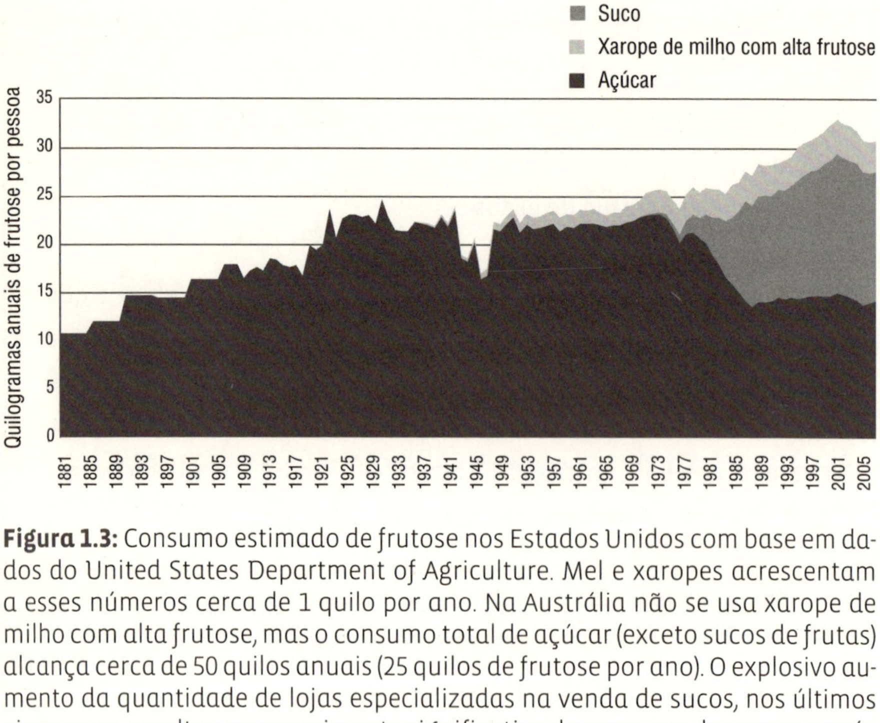

Figura 1.3: Consumo estimado de frutose nos Estados Unidos com base em dados do United States Department of Agriculture. Mel e xaropes acrescentam a esses números cerca de 1 quilo por ano. Na Austrália não se usa xarope de milho com alta frutose, mas o consumo total de açúcar (exceto sucos de frutas) alcança cerca de 50 quilos anuais (25 quilos de frutose por ano). O explosivo aumento da quantidade de lojas especializadas na venda de sucos, nos últimos cinco anos, resultou em crescimento significativo do consumo de sucos no país.

No ano 2000, a população americana tinha elevado esse consumo a 33 quilos anuais de frutose por pessoa (cerca de 1 quilo de frutose a cada dez dias). Na época, quase 15% da ingestão média diária de calorias vinha da frutose. Na primeira década do século 21, esse consumo caiu para 30 quilos, em especial devido à ampla introdução de numerosos adoçantes de alta intensidade acrescentados às bebidas. No entanto, dados mais recentes indicam uma nova elevação no consumo de frutose. E, infelizmente, a situação ainda pode piorar. Segundo pesquisadores, o excesso de gordura nas artérias afeta o controle do apetite para os alimentos que o disparam.

Quando há gordura demais na corrente sanguínea, os hormônios que nos mandam parar de comer (veja o quadro abaixo) – insulina, colecistocinina e leptina – deixam de funcionar como deveriam. Os sinais hormonais de saciedade não conseguem atravessar a barreira de gordura e continuamos a comer. Assim, além de não detectada e convertida em gordura, a frutose nos leva a consumir outros alimentos em maior quantidade. Essa é a provável razão de, nas três décadas compreendidas entre 1970 e 2000, o americano médio ter aumentado em 25% a ingestão diária de calorias. No mesmo período, a população aumentou em 63% o consumo de sucos e refrigerantes adoçados com açúcar (veja a figura 1.4).

À medida que comemos, os carboidratos são convertidos em açúcar no sangue. O nível de açúcar vai subindo até o corpo não conseguir liberar insulina suficiente para corrigir isso. Os médicos dão a essa condição o nome de "resistência à insulina" – o primeiro estágio do diabetes tipo 2. Entre a população adulta dos Estados Unidos, 13% sofrem de diabetes tipo 2, enquanto em 1965 esse número ficava próximo de zero. Se somarmos a esses dados a resistência à insulina (batendo à porta do diabetes), o número alcança 40% da população.

Curso rápido sobre hormônios

Os hormônios mais importantes para o sistema de controle da fome são quatro:

Colecistocinina (CCK) é liberada quando comemos gordura e proteína. Quanto mais o indivíduo come, mais esse hormônio é liberado. O acúmulo de colecistocinina na corrente sanguínea sinaliza para o sistema de controle da fome que chega de comer.

Insulina é liberada pelo pâncreas. O pâncreas monitora o nível de glicose na corrente sanguínea. A glicose é o produto final dos carboidratos ingeridos, exceto a frutose. Como indicador do controle da fome, o funcionamento da insulina é exatamente igual ao da colecistocinina.

Leptina é um hormônio liberado no corpo pelas células adiposas. Quanto maior o número de células adiposas, maior a quantidade de leptina liberada. Assim, quando tudo funciona perfeitamente, a leptina age, para o sistema de controle da fome, como uma espécie de medidor de combustível a longo prazo. Com atuação semelhante à da colecistocinina e da insulina, a leptina funciona como inibidor do apetite, garantindo que o nosso padrão seja "sem fome".

Grelina é um hormônio liberado pelo revestimento interno do estômago para forçar a contração do intestino (daí os roncos quando estamos com fome) e reverter os efeitos da leptina. Age como um comutador que deixa temporariamente o sistema de controle da fome na posição "aberto", ou seja, estimula o apetite.

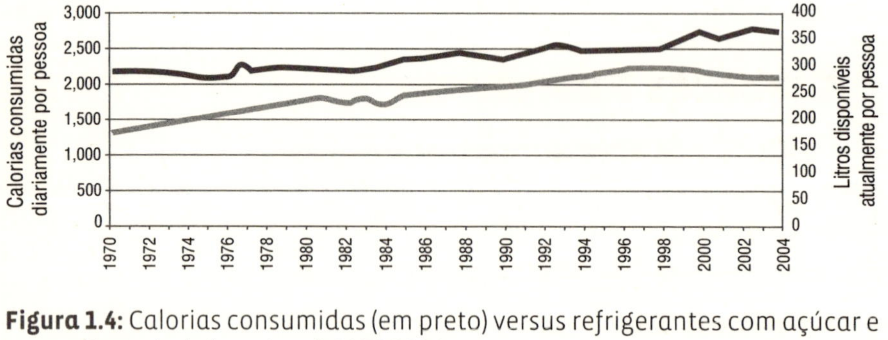

Figura 1.4: Calorias consumidas (em preto) versus refrigerantes com açúcar e sucos disponíveis (em cinza), 1970-2004

Frutose versus glicose

Em um recente estudo da University of California, 32 pessoas obesas ou com sobrepeso foram convencidas a experimentar por dez semanas uma dieta que incluía 25% de frutose ou 25% de glicose. Como a frutose e a glicose eram acrescentadas à alimentação normal, seria de esperar que ganhassem peso. Isso realmente aconteceu, mas os pesquisados que consumiram frutose desenvolveram 1,5 quilo de gordura abdominal, o que não aconteceu aos que consumiram glicose. Sabe-se que a gordura abdominal representa um sinal definitivo de risco de enfarte, diferentemente da gordura armazenada em outras partes do corpo (braços e pernas, por exemplo). O grupo que consumiu frutose teve aumentado também o nível de triglicerídeos – a gordura circulante no sangue, criada pela frutose, que leva igualmente à doença cardíaca. E mais: a resistência à insulina (precursora do diabetes tipo 2) era 20% mais elevada.

O efeito mais imediato do consumo de frutose é a elevação persistente do nível de açúcar no sangue, que eventualmente leva à obesidade e ao diabetes tipo 2. Mas os pesquisadores estão chegando a conclusões ainda piores.

Diabetes e demência

Há muito tempo os pesquisadores mencionam a forte relação entre diabetes tipo 2 e demência. Os números variam, mas fala-se em probabilidade de duas a quatro vezes maior de demência em quem apresenta diabetes ou história de resistência à insulina. Agora, um grupo de gêmeos suecos começa a lançar luz sobre as reais ligações do diabetes.

Um estudo publicado recentemente analisou os registros de saúde de quase 14 mil gêmeos, todos acima de 65 anos de idade. Tais registros representaram excelente fonte de informação sobre um longo período. Os gêmeos são ótimos para isso, porque, quando um adoece e o outro não, eliminam-se causas potencialmente irrelevantes. Como os gêmeos compartilham os mesmos genes e são, em geral, criados em ambientes idênticos, sempre que a demência surge precocemente, o que acontece com crescente frequência (contam-se 15 mil australianos nessa condição, abaixo de 65 anos, quando escrevo este livro), afastam-se muitas possíveis causas.

O estudo demonstrou, sem sombra de dúvida, que o diabetes está associado à demência. Em uma conclusão ainda mais interessante, descobriu-se que, quanto mais longa a presença do diabetes (ou da resistência à insulina), mais fortes as probabilidades de surgimento da demência. Em uma observação um tanto desanimadora, os pesquisadores sugerem que seu cálculo de um risco 125% maior de demência para os diabéticos talvez seja modesto, uma vez que muitos deles morrem antes de perceber os primeiros sinais.

Pesquisa publicada um mês depois do estudo com os gêmeos levou o assunto mais a fundo, ao estudar quase 3 mil portadores de diabetes tipo 2, de 55 anos ou mais. Assim, estabeleceu-se ligação direta entre o consumo de açúcar e "função cognitiva prejudicada". Os pesquisados foram submetidos a uma bateria de testes – parte de um conjunto de provas padronizadas no qual se buscam sinais precoces de demência – com a finalidade de avaliar a precisão de sua memória e como se saíam em cálculos e na execução de tarefas múltiplas.

Com a análise dos resultados, encontrou-se uma importante correlação: quanto mais elevado o nível de açúcar no sangue, pior o desempenho nos testes. Segundo os pesquisadores, uma elevação de 1% corresponde a anos de avanço em direção à demência.

Altos níveis de açúcar no sangue (diabetes tipo 2, em última análise) são definitivamente causados pelo excessivo consumo de açúcar. No entanto, como se fosse pouco, as conclusões dessa última pesquisa não representam o fim da história. A longo prazo, o consumo de açúcar está nos deixando dementes – literalmente.

Efeitos da frutose

A frutose afeta vários sistemas do corpo, de muitas e complexas maneiras. Eis a lista de efeitos que os pesquisadores atribuíram (até agora) à frutose:

Redução de minerais – Colágeno e elastina fazem parte da constituição dos principais órgãos do corpo humano. A frutose parece interferir tão intensamente no metabolismo do cobre que o colágeno e a elastina não se formam adequadamente durante o crescimento. Problemas nessa formação e outros daí resultantes prejudicam o crescimento dos músculos em animais jovens e a formação das paredes de veias e artérias, levando a condições como varizes. A longo prazo, o consumo de frutose parece ter efeito semelhante sobre o colágeno, provocando o envelhecimento precoce da pele. A frutose também inibe a absorção do iodo, cuja carência pode ocasionar aumento da glândula tireoide e cretinismo (deficiência no crescimento físico e mental) em fetos.

Elevação dos níveis de triglicerídeos no sangue – Quando consumida, a frutose é imediatamente convertida em ácidos graxos circulantes (triglicerídeos), o que desregula nosso sistema de controle do apetite, tornando-nos resistentes aos sinais transmitidos pela insulina e pela leptina (hormônios que nos avisam quando devemos parar de comer). Com isso, chega-se ao diabetes tipo 2 e a um nível permanentemente elevado de açúcar no sangue. Essa condição, por sua vez, cria um ambiente perfeito para o desenvolvimento do câncer, além de estar associada ao surgimento de ansiedade, depressão, síndrome do ovário policístico e demência. A frutose é responsável também pelo aumento do colesterol LDL – fator de risco para doença cardíaca e acidente vascular cerebral.

Elevação do cortisol – A frutose produz um pico de cortisol na corrente sanguínea. O cortisol, chamado "hormônio do estresse", só entra em ação quando precisamos estar preparados para lutar ou fugir, pois torna mais lentas todas as funções não essenciais, de modo que o corpo possa concentrar-se na prioridade imediata: manter-se vivo. Uma das funções não essenciais afetadas é o sistema imunológico, o que nos deixa mais vulneráveis às doenças. Um recente estudo da Stanford University vai além, ao sugerir que essa baixa da imunidade deixa os portadores de câncer de mama mais propensos a tumores e infecções externas.

Elevação do ácido úrico – A ingestão de frutose resulta em aumento significativo do ácido úrico circulante (resíduo eliminado na urina). Isso leva diretamente a: elevação da pressão sanguínea (hipertensão), gota (um tipo de artrite que ocorre quando cristais de ácido úrico se depositam em uma articulação) e doenças renais. Outro efeito é a redução significativa da produção de óxido nítrico pelas células que revestem a superfície interna dos vasos sanguíneos. Eis aí uma notícia ruim para os homens, em especial, pois o óxido nítrico é necessário à função erétil. O medicamento chamado Viagra age promovendo a produção de óxido nítrico; a frutose faz exatamente o contrário.

Adiposidade central – O consumo de frutose eleva a quantidade de gordura acumulada em torno dos principais órgãos – o fígado em especial. Os médicos dão a essa situação o nome de "adiposidade central". Isso, além de nos deixar menos atraentes quando em roupas de banho, provoca a presença de gordura no fígado, que pode evoluir para a cirrose e a falência hepática.

Ligações semelhantes entre frutose e doença cardíaca, acidente vascular cerebral, gordura no fígado (e cirrose), câncer, síndrome do ovário policístico, infertilidade, impotência, depressão e ansiedade começam a surgir em experiências bem controladas em larga escala. A frutose é uma verdadeira tempestade, se o resultado desejado for uma avalanche de doenças crônicas (e, na maioria, incuráveis). É também uma verdadeira tempestade se o seu negócio for a venda de produtos que contenham frutose, pois carregamos um desejo insaciável de consumir alimentos doces, resultante de um mecanismo de segurança ligado à evolução da espécie, cuja finalidade é nos afastar de substâncias venenosas (que tendem a ser amargas).

Inicialmente, os fabricantes de alimentos acrescentavam açúcar a seus produtos por saberem ser esse o gosto dos consumidores. Em 1945, apenas a quarta parte do açúcar consumido já vinha no alimento comprado. Hoje, essa parcela ultrapassa três quartos, como consequência da disputa entre os produtores. O modo de vender mais é usar mais açúcar do que o concorrente. É por essa razão, por exemplo, que em 1978 nos Reino Unido, o Special K, da Kellogg's tinha 9,6 gramas de açúcar por 100 gramas; hoje, o teor é de 17 gramas – quase o dobro. Os britânicos obviamente preferem o Special K um pouco mais doce, pois na Austrália o produto contém "apenas" 14,5 gramas de açúcar (por enquanto) e nos Estados Unidos, 12,9 gramas. A Austrália não monitora tão atentamente os fabricantes quanto o Reino Unido, mas suspeito de que um aumento semelhante seria observado, se comparássemos a atual quantidade de açúcar com a que se via na década de 70.

Tal qual um avião que voasse abaixo do alcance do radar, a frutose foi entrando na composição de quase todos os alimentos que consumimos – frequentemente com o pretexto de torná-los mais saudáveis. Como fomos aconselhados a comer frutas, consideramos bons os sucos (o mesmo conteúdo de açúcar de um refrigerante) e as frutas secas (70% de açúcar) e oferecemos às nossas crianças; como fomos aconselhados a consumir menos gordura, recorremos aos produtos "magros", que precisam conter açúcar, para compensar a falta de sabor; como fomos aconselhados a tomar menos leite, passamos a tomar refrigerante e suco de maçã; como fomos aconselhados a evitar pastinhas gordurosas, trocamos a manteiga de amendoim por conservas "saudáveis" de mel e frutas; como fomos aconselhados a eliminar as gorduras no café da manhã – bacon e ovos, por exemplo –, adotamos os cereais "saudáveis", com um conteúdo de 25% a 50% de açúcar. O milagre não é estarmos gordos ou doentes. O milagre é não termos morrido de overdose.

Se os únicos problemas causados pelo açúcar fossem a gordura e a doença, seria fácil corrigir isso em um nível pessoal. Bastaria deixar de consumir tudo que contivesse frutose. Não existe meio rápido e fácil de calcular a quantidade de frutose da maior parte dos alimentos, mas vamos discutir isso no segundo capítulo.

Um problema muito mais sério enfrentado por quem se decide a eliminar a frutose da vida é seu poder de causar dependência. Não se consegue parar, simplesmente. Ainda que não saiba, você é dependente de uma substância, em muitos aspectos, mortal. E, tal como em qualquer tipo de dependência, precisa de um plano, se quiser abandonar o veneno que é a frutose.

Doenças ligadas ao consumo de frutose (até agora)	Ligações indiretas
Ganho de peso	Apneia do sono
Diabetes tipo 2	Falência renal
Síndrome do ovário policístico	Baixa de imunidade
Doença cardíaca	Desenvolvimento de câncer em geral
AVC ou aneurisma	Disfunção erétil
Hipertensão	Câncer de pâncreas
Gota	Envelhecimento precoce
Demência	Desenvolvimento muscular deficiente
Depressão e ansiedade	Cretinismo
Gordura no fígado	Varizes
Cirrose	

Falência hepática	
Pancreatite aguda	
Doença renal	
Cáries	

Surpresa! Açúcar vicia.

Estranho. A maioria das pessoas é capaz de reconhecer que açúcar vicia. Até brincamos, criando palavras ("chocoholic" / "chocólatra"), mas suspeito de que poucas se acreditem realmente viciadas. Muita gente parece duvidar que uma coisinha tão inocente seja capaz de criar dependência. Claro que gostamos de açúcar, mas, se fôssemos obrigados a viver sem ele, isso seria perfeitamente possível – sem problemas. A realidade, porém, é que a maioria nunca tentou abandonar o açúcar (pelo menos por mais de algumas horas) e, se tentasse, mudaria de opinião sobre a dependência de açúcar.

Sou dependente de açúcar?

1. Você precisa se esforçar para passar por uma mesa de doces sem pegar "só unzinho"?
2. Você tem rotinas em relação ao consumo de açúcar – sobremesa sempre, um pedaço de chocolate para relaxar diante da tevê, uma bebida doce ou um chocolate depois do exercício físico?
3. Existem momentos em que sente como se não pudesse passar sem um doce?
4. Se tiver de ficar 24 horas sem açúcar, você sente dor de cabeça ou experimenta alterações de humor?

Se tiver respondido "sim" a uma só das perguntas acima, você é dependente.

Até recentemente, eram poucas as pesquisas sobre a natureza viciante do açúcar. Essa simplesmente não era uma prioridade para os pesquisadores. Ao que parece, havia temas mais "sérios" a pesquisar, tais como cigarro, álcool e modificadores do humor menos legais. No entanto, agora que começamos a perceber exatamente os perigos oferecidos pelo açúcar, o dinheiro para as pesquisas começa a aparecer.

Açúcar e dopamina

Uma equipe da Princeton University trouxe a público um trabalho revolucionário sobre o mecanismo exato da dependência de açúcar. Os pesquisadores, liderados por Bart Hoebel, apresentaram evidências de que o açúcar pode ser tão viciante para os ratos de laboratório quanto a heroína e a cocaína. Na reunião anual do American College of Neuropsychopharmacology (parece brincadeira, não?) em Scottsdale, Arizona, Hoebel relatou profundas alterações comportamentais em ratos treinados a serem dependentes de altas doses de açúcar. Primeiro, os ratos estudados tiveram o fornecimento suspenso por longo período. Mais tarde, quando voltaram a receber açúcar, consumiam avidamente. Além disso, com a falta do açúcar, sentiram-se atraídos pelo álcool. Preste atenção: para muita gente, o melhor método é cortar o açúcar de uma vez; cuidado, porém, para não se tornar dependente de outra substância.

Na pesquisa, os ratos eram alimentados com uma solução de açúcar a 10%, a mesma porcentagem encontrada em refrigerantes ou sucos de frutas. Isso os tornou intensamente viciados, a ponto de favorecer outros vícios, ainda mais perigosos. Quando os ratos famintos fartavam-se de açúcar, era liberada em seu cérebro uma onda do neurotransmissor dopamina. Decorrido um mês, a estrutura do cérebro dos ratos estava adaptada aos níveis elevados de dopamina: havia menor quantidade de determinado tipo de receptor de dopamina e mais receptores opioides. Os opioides são nosso pequeno fornecedor de drogas feitas em casa, inclusive as endorfinas, o peptídeo natural associado à "euforia da corrida" ("runner's high"). Ratos viciados em cocaína e anfetaminas apresentam padrões similares de redução dos receptores de dopamina e expansão dos receptores opioides. Esses receptores estão envolvidos em motivação e recompensa; controlam os desejos e preferências do corpo. Quanto ao comportamento dos ratos, o resultado foi uma intensificação significativa da procura por drogas.

Dopamina

A dopamina é um componente importantíssimo da coordenação motora fina, memória, percepção, motivação e sistemas de recompensa. Indivíduos que apresentam cronicamente baixos níveis de dopamina perdem o controle muscular e a motivação. E a morte dos neurônios produtores de dopamina leva ao surgimento da doença de Parkinson. É sabido também que o consumo de cocaína e outras anfetaminas resulta em constantes níveis elevados de dopamina, associados à dependência química.

Ao suspender o fornecimento de açúcar aos animais de laboratório, os pesquisadores também conseguiram induzir neles sintomas da crise de abstinência. Os níveis de dopamina no cérebro dos ratos despencaram, e eles se tornaram ansiosos; rangiam os dentes e, embora normalmente gostem de explorar o ambiente, evitavam deixar seus refúgios.

Pesquisa mais recente sobre a mecânica da dependência sugere que substâncias viciantes fazem mais do que estimular a produção de dopamina como resposta. Na verdade, elas transformam o cérebro, afetando a função de aprendizagem. Quando aprendemos ou praticamos alguma coisa, reforçamos as ligações entre os neurônios. Essas ligações fortalecidas nos ajudam a lembrar e aplicar os conhecimentos. Quando os pesquisadores serviram repetidamente cocaína aos ratos, essa função foi prejudicada. Criaram-se ligações que reforçaram o comportamento de desejo pela droga, e os ratos se tornaram programados para buscá-la. Essa pode ser a diferença crucial entre apreciar alguma coisa e depender dela. Pior: a pesquisa indica que, conforme as ligações da dependência no nosso cérebro se fortalecem, não mais acontece a resposta de dopamina; assim, mantemos o hábito, mesmo sem prazer. Na minha opinião, os usuários de crack não parecem satisfeitos. Nem os fumantes. Nem os que comem açúcar exageradamente.

O dependente é programado a pensar que o único modo de sentir-se normal é pelo acesso à substância da qual depende. Quando ela não está disponível, é como se faltasse alguma coisa. Em resposta, o cérebro entra em depressão suave, que pode tornar-se severa, caso se prolongue a abstinência.

Todo dependente diz que se sente melhor quando consome açúcar. A realidade é que, antes, ele sentia um leve desânimo causado pelas horas de abstinência. O açúcar apenas o deixa no mesmo estado em que normalmente se sentem os não dependentes. Esse ciclo vicioso de leve prazer seguido de leve desconforto, por sua vez substituído por leve prazer representa o mecanismo simples da dependência. A situação se repete, seja qual for o veneno escolhido, de cocaína a açúcar. O fato de não ser vendido em vielas escuras, e sim em supermercados, não faz do açúcar um artigo menos viciante ou menos perigoso.

Uma experiência simples e interessante seria remover a língua de um grupo de pessoas, para ter a certeza de que, nelas, a liberação de dopamina não fosse estimulada pelo sabor doce. Em seguida, elas teriam acesso ilimitado a soluções à base de açúcar ou adoçante artificial, de modo que se pudesse observar se desenvolviam preferência por uma das duas. Recentemente, pesquisadores da Duke University, na Carolina do Norte, fizeram isso. Claro que eles usaram ratos, e não seres humanos, e abriram mão da retirada das línguas. Em vez disso, obtiveram uma geração de ratos geneticamente modificados, sem o sentido do paladar. Adivinhe o que aconteceu? Os ratos desenvolveram dependência da solução de açúcar, ainda que, assim como a solução adoçada artificialmente, tivesse (para eles) o mesmo gosto de água pura.

Os pesquisadores não sabem exatamente como a frutose faz essa mágica, mas acreditam que possa ter relação com um fato conhecido desde a década de 60. Eles observaram que a frutose provocava nos ratos uma onda de cortisol (veja o quadro das páginas 29 e 30). O cortisol, produzido pela glândula adrenal ou suprarrenal (a fabricante da adrenalina), é frequentemente chamado de hormônio do estresse, por ser liberado em resposta a situações estressantes, para que o corpo funcione mais intensa e rapidamente - recurso muito útil quando um homem das cavernas era perseguido por um mamute ou um tigre-dente-de-sabre! A ação do cortisol eleva temporariamente a pressão sanguínea (para um raciocínio mais rápido) e o nível de açúcar no sangue (para energia extra) e reduz a resposta imunológica (para que a energia deixe de lado a caçada às infecções e concentre-se na manutenção da vida). Incidentalmente, esse efeito sobre o sistema imunológico é capaz de explicar um fenômeno que qualquer clínico geral dos Estados Unidos pode confirmar: ano após ano, durante semanas, depois do Dia das Bruxas e da Páscoa - datas em que o consumo de açúcar é altíssimo - os consultórios ficam repletos de crianças com gripes e resfriados. O pico de cortisol reduz a eficácia do sistema imunológico em 50% na primeira hora. São necessárias cinco horas para que a imunidade retorne à situação anterior à ingestão de frutose. Nada parecido acontece com a ingestão de amido (pão) ou glicose (que causa impacto muito menor).

A liberação de cortisol é, normalmente, cíclica. O corpo secreta na corrente sanguínea uma quantidade um pouquinho maior de manhã, para nos acordar, e reduz a produção quando vamos dormir. Quando precisamos enfrentar uma experiência estressante (a aproximação de um urso-polar, uma prova de matemática, uma entrevista de emprego), o organismo produz uma quantidade extra de cortisol, para ajudar. A frutose produz o mesmo efeito, ainda que a situação não seja de estresse. Assim, ficamos mais concentrados e alertas. Isso tem um preço, porém. O pico de cortisol - tanto o natural quanto aquele induzido pela frutose - parece ocasionar um pico de dopamina, o que talvez explique o gosto de algumas pessoas por esportes radicais. A diferença é que o pico de cortisol induzido pelo açúcar pode acontecer até dez vezes por dia, conforme a quantidade consumida, enquanto o pico natural ocorre poucas vezes por ano (a não ser que você encontre ursos-polares ou faça provas de matemática com mais frequência do que eu). Assim, além de manter a sua imunidade "a meia bomba", a constante ingestão de frutose constrói a base da dependência química.

Capítulo 2

COMO INTERROMPER A DEPENDÊNCIA

São cinco os passos para interromper a dependência de açúcar:

1. **Tome a atitude adequada.**
   Se você considerar o processo como um exercício de privação, nunca vai conseguir. Trata-se de livrar-se de uma toxina perigosa, e esta etapa mostra o ajustamento de atitude necessário para superar as outras etapas.

2. **Elimine hábitos associados ao consumo de açúcar.**
   Pode acreditar: é possível assistir a um filme sem a companhia de um litro de refrigerante. Esta etapa mostra como documentar os seus hábitos ligados ao açúcar e criar estratégias para manter o hábito, se for preciso, mas sem o açúcar.

3. **Corte o açúcar da sua lista de compras.**
   Você nunca vai interromper uma dependência se tiver a geladeira e os armários repletos da substância que provocou a dependência. Esta etapa mostra o que eliminar e o que usar em substituição.

4. **Elimine o açúcar.**
   Assuma o propósito e tome a decisão de comer a última porção de açúcar da sua vida. Esta etapa diz o que esperar quando você se livrar do açúcar e aponta estratégias para superar as dificuldades.

5. **Reorganize a sua despensa e prepare-se para o resto da vida.** A sua casa precisa ser um oásis sem açúcar, para você e a família. Esta etapa mostra como fazer isso.

A dependência química ainda não foi inteiramente compreendida pelos pesquisadores. O que eles sabem é que certos estimulantes, tais como anfetaminas, cafeína, cocaína, nicotina e (hoje já está claro) frutose provocam a liberação de dopamina no cérebro. Tudo que dá prazer estimula uma resposta de dopamina. Eu, por exemplo, gosto de jardinagem, mas não sou dependente. Um período de afastamento dos canteiros não me deixa mal-humorado nem deprimido. Não me sinto inclinado a arrombar carros estacionados para roubar algumas moedas e comprar adubo. Cuidados com o jardim estimulam a liberação de dopamina no cérebro, mas, como os meus receptores de dopamina não são inibidos (uma vez que não são afetados por um estimulante como a frutose) e os meus receptores opioides não são reforçados, o prazer é passageiro, e não viciante.

A natureza da dependência

Dependência não é prazer. Dependência é compulsão. Pergunte a qualquer fumante se gostou do primeiro cigarro, e ele vai dizer que quase sufocou. Pergunte a um alcoólico se gostou do primeiro gole, e ele provavelmente vai dizer que detestou.

Dependência não é uma questão de escolha. As pessoas não escolhem continuar a fazer uma coisa que vai matá-las. Na verdade, a maioria não quer continuar. A maior parte dos fumantes deixaria de fumar amanhã, se pudesse. Neste ponto do livro, você já entendeu bem por que deve deixar de consumir açúcar. Não há vantagens, e as desvantagens vão da obesidade ao mal de Alzheimer, com tudo que houver no intervalo. No entanto, apenas dizer ao dependente que coisas ruins vão lhe acontecer não causa efeito algum. Tanto assim que ele continua a comprar cigarros, apesar de os pacotes ostentarem fotos de pulmões doentes e membros amputados. Ele sabe que, um dia, vai pagar o preço, mas no momento só interessa a necessidade pungente, movida a neurônio, de sentir-se bem novamente.

Dependência: Busca e uso incontroláveis e compulsivos da droga, mesmo diante de consequências negativas para a saúde e a vida social.

Alan I. Leshner, PhD, diretor do United States National Institute of Drug Abuse, National Institutes of Health

Dependência é como usar sapatos apertados para trabalhar. Machuca um bocado o tempo todo, mas quase vale a pena pela fantástica sensação de alívio, quando são retirados ao fim do dia. O cigarro produz exatamente a mesma sensação boa depois de uma sensação ruim (desde a última tragada). Os dependentes de açúcar estão na mesma situação, a não ser pelo fato de conseguirem a dose tão esperada sem precisarem chegar ao resultado gangrenoso do diabetes tipo 2 (por enquanto). Na verdade, os fabricantes de alimentos ficam satisfeitos em nos garantir uma dose de açúcar em praticamente tudo que comemos. É muito raro precisarmos sofrer entre uma refeição e outra; diferentemente dos fumantes, podemos saborear uma dose após a outra, em pequenas porções cuidadosamente embaladas, sem deixar o ambiente de trabalho. Mais fácil impossível.

Dietas e força de vontade – o fracasso anunciado

A dependência de açúcar está tão integrada à nossa sociedade, que nem existe uma palavra (como alcoólico, chocólatra, "workaholic") para descrevê-la. "Comilões" podem comer muito, mas sem açúcar. (Ao final do livro você vai saber como fazer isso.) Por isso vamos inventar uma palavra nova: "sugarholic"; "sucrólatra". Os sucrólatras ocupam hoje a posição que cabia aos fumantes na década de 50. Na época, todos podiam fumar no local de trabalho; ninguém precisava ir "lá fora". Ninguém era repreendido por acender um cigarro no restaurante. Pelo contrário: quem não fumava era a exceção. Hoje, os sucrólatras ditam a regra. Todo mundo consome açúcar desde o nascimento. A pessoa que recusa uma fatia de bolo na comemoração de um aniversário é considerada estranha. Não se engane. A tarefa que você está prestes a assumir não vai ser fácil, mas não é um exercício de força de vontade.

Toda dieta exige força de vontade. Temos de comer menos do que queremos, ainda que o corpo implore uma segunda porção, e caminhar horas e horas. As restrições na comida exigem enorme força de vontade de quase todos que fazem dieta e, quanto mais o tempo passa, mais necessária a força de vontade. A maioria não aguenta por mais de três meses esse tratamento que tira a vontade de viver.

Os pesquisadores se preocupam em descobrir por quanto tempo mantemos o peso conquistado nas dietas. Traci Mann, professor adjunto da UCLA, reuniu sua equipe para uma análise dos resultados de 31 dietas com redução de calorias a longo prazo. Segundo o estudo, a maioria perde, de início, de 5% a 10% do peso corporal. Mas os estudiosos descobriram também que quase todos recuperam o peso perdido e ganham um pouco mais, no espaço de 12 meses. Apenas uma minoria conseguiu manter o peso conquistado. Portanto, dietas que exigem força de vontade não funcionam. E, pior, costumam cobrar pelo privilégio.

Alguns anos atrás, a equipe da revista "Forbes" – uma influente publicação norte-americana voltada para os líderes do mundo corporativo – decidiu examinar os números mais atentamente. A equipe tomou as dez dietas mais populares nos Estados Unidos, calculou quanto custariam os alimentos especiais exigidos, somando a essa quantia o preço médio da inscrição, se houvesse, chegando à cifra de 210 dólares semanais. Em seguida, comparou à despesa média individual com alimentos: 84 dólares por semana, na época. Conclusão: fazer dieta custava mais 126 dólares e, se a pessoa se matriculasse em uma academia, isso aumentaria a despesa em 20 dólares por semana, no mínimo. E, dependendo do entusiasmo, acrescentem-se 80 dólares por sessão com um personal trainer.

Digamos que você siga o plano da dieta por 12 meses. Em um ano, a previsão é de um gasto adicional de 6.552 dólares em alimentação e 1.040 em academia, ou seja: 7.592 dólares sem o personal trainer, e 11.752 com o personal trainer uma hora por semana. Uma vez que a maioria volta ao ponto de partida (ou pior) em um ano, depois da dieta, aquela quantia provavelmente seria mais bem empregada em uma poupança para compra de um bem necessário.

Assim como os métodos para deixar de fumar que exigem força de vontade, as dietas não funcionam. Se funcionassem, não existiria uma indústria da dieta. Ninguém supera uma dependência privando-se de alguma coisa. A ideia de privação está ligada à própria natureza da dependência. Entre uma e outra dose da substância viciante, você suporta momentos de privação (ou dor, como no caso dos sapatos apertados). A substância viciante (ou a retirada dos sapatos) representa a cura da privação. A dependência, por definição, provoca a necessidade, que alimenta a dependência. Uma dieta que exija força de vontade está fadada ao fracasso, pois lembra incessantemente que você não tem acesso ao açúcar.

Digam o que disserem, ser sucrólatra não é defeito. Você não é uma pessoa gulosa nem fraca. Você é uma pessoa quimicamente dependente de uma substância chamada frutose, presente nos alimentos. E, até ser capaz de tratar a dependência como a poderosa força bioquímica que realmente é, você vai ser presa dela. Existem cinco passos para vencer a dependência.

Primeiro passo – Atitude adequada

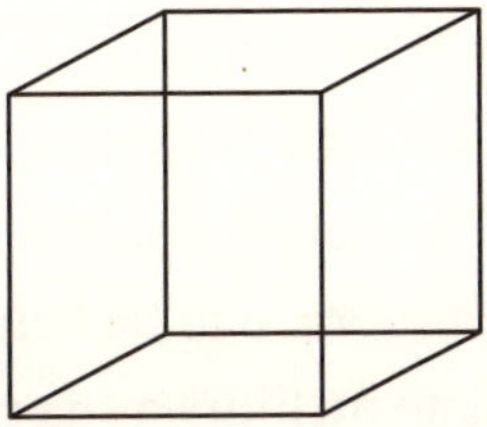

Figura 2.1: Cubo de Necker

O interessante Cubo de Necker – assim chamado em homenagem ao cristalógrafo suíço Louis Albert Necker – é visto por quase todo mundo de duas maneiras diferentes. Na primeira vez em que olhei, vi um cubo cuja face frontal está voltada para baixo, à minha esquerda. No entanto, depois de olhar por algum tempo, a face frontal parece estar voltada para cima, à minha direita. Talvez você veja ao contrário. De todo modo, as pessoas veem nas duas posições, desde que observem a figura por tempo suficiente.

O Cubo de Necker é usado frequentemente para demonstrar como o cérebro pode chegar a duas conclusões diferentes com base na mesma informação. Cada uma delas é igualmente válida, e podemos alternar entre uma e outra sem alteração alguma nos dados subjacentes. O cubo talvez pareça uma brincadeira, mas na verdade é um exemplo facilmente compreensível de algo que fazemos a todo momento. E a percepção dos fatos pode mudar drasticamente nossa visão do mundo.

Se eu oferecesse a você um salário de 300 mil dólares anuais, a sua opinião sobre a minha oferta dependeria dos salários das outras pessoas. Quem acredita estar deixando de receber algo que todos recebem sente-se em desvantagem e passa a desejar o mesmo.

Qual seria a sua atitude em relação a uma substância que, se ingerida, imediatamente dobra o tamanho da sua cintura, dobra o risco de doença cardíaca e de diabetes tipo 2 e predispõe ao mal de Alzheimer e a vários tipos de câncer? Existe algum potencial benefício que justifique o consumo dessa substância? Por mais que procure, não consigo encontrar nenhum. Os efeitos do açúcar não são sentidos de imediato; na maior parte dos casos, são necessários 20 anos de dependência. O período de 20 anos faz o consumo valer a pena? Reduz o preço? Você abandonaria um prazer, se tivesse de esperar 20 anos por ele? Eu não.

Assim como todas as substâncias viciantes, é prazeroso consumir mais um pouco de açúcar, aliviando o desejo que se intensifica desde a última porção. Afora isso, porém, não há benefício. Pense. Em que um segundo pedaço de chocolate melhora a sua vida? A não ser por alguns segundos de uma sensação boa – a resposta de dopamina disparada pelo cortisol – em absolutamente nada. E cada pedacinho extra provoca cada vez menos prazer, até que você passa a mastigar apenas para exercitar as gengivas. Ou porque ainda restam chocolates.

A sensação é semelhante a tirar os sapatos ao fim do dia. Você volta ao normal e sente-se bem. Mas é por pouco tempo. Assim que passa o efeito, parece que os sapatos apertados voltaram aos pés. Um dependente de heroína só é admirado por dependentes de heroína. Todas as outras pessoas percebem claramente que as desvantagens superam alguma pequena possibilidade de vantagem. Um dependente de açúcar só é admirado por dependentes de açúcar. Infelizmente, na nossa sociedade, somos apresentados muito cedo ao açúcar. Depois de abandonar a dependência, você vai ver que isso não nos traz benefício algum.

Uma dose de açúcar apenas leva você imediatamente de volta ao normal. Se ele não fizesse parte da sua vida, você se sentiria "melhor" o tempo todo. O seu desejo de açúcar vem da busca por um lugar melhor – por um momento ou dois –, mas leva você para um lugar pior, até a próxima dose.

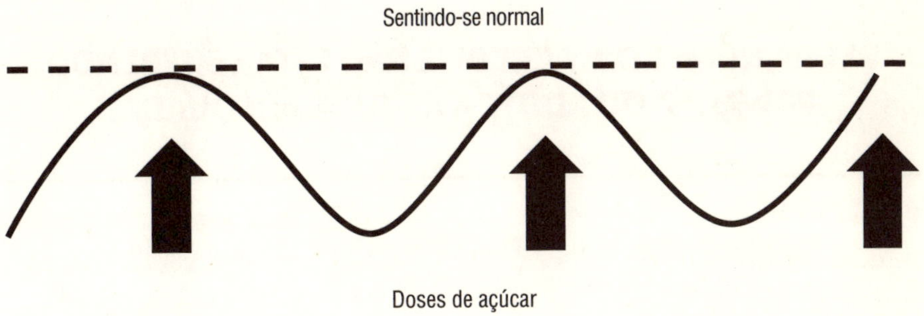

Figura 2.2: Um dia (ou uma hora) na vida de um sucrólatra. O açúcar simplesmente faz com que se sinta normal entre períodos de carência.

Veja o outro lado

Portanto, a dependência de açúcar apresenta muitas desvantagens, e a única vantagem é sentir-se normal ao receber uma dose. Você tem motivos reais para sentir falta de alguma coisa? Não, mas as dietas que exigem força de vontade fazem isso. Elas dizem para você "passar sem" ou "abandonar" algo de que gosta. A ideia de privação simplesmente atira a pessoa nos braços da dependência. O único modo de interromper isso é lembrar o Cubo de Necker e considerar a chamada privação como um desejo de não se deixar envenenar. Ou então imagine-se sofrendo de intolerância à frutose, que faz você engordar e provoca desânimo, indisposição e sensação de empanturramento (veja o estudo de caso de Paul, na página 84). Sob tal perspectiva, somos todos intolerantes à frutose. Se pensar assim serve de ajuda para que você elimine da sua alimentação a toxina viciante, use esse importante recurso mental para superar a abstinência.

Se quiser obter sucesso, não se sinta sofrendo privação de coisa alguma. Tenha pena dos pobres dependentes que rodeiam você. Não veja em cada oferta de açúcar uma tentação a ser vencida, mas uma tentativa de envenenamento. Talvez eu esteja exagerando, mas você pegou a ideia.

Portanto, não se sinta sofrendo privação. Você não está desistindo de nada. Está simplesmente interrompendo uma perigosa e nociva dependência. Com a atitude certa, viver sem açúcar fica muito mais fácil do que se imagina.

REGRA NÚMERO 1: ACREDITE NÃO ESTAR SOFRENDO PRIVAÇÃO OU ADOTE A ATITUDE ADEQUADA.

> Nada pode impedir o homem com a atitude mental certa de alcançar seu objetivo; nada é capaz de ajudar o homem com a atitude mental errada.
>
> Thomas Jefferson (antes do politicamente correto)

Segundo passo – Eliminação do hábito

Nos carros, a maior parte dos equipamentos segue determinado padrão. O acelerador sempre fica à direita, o freio à esquerda. Mesmo nos países em que os motoristas dirigem no lado "errado" da rua, essas coisas estão onde devem estar. Somente em um detalhe os projetistas resolveram usar a imaginação: "Vamos colocar o comando de seta em um lugar interessante".

Meu carro é velho, muito velho. Os projetistas engenhosamente juntaram todos os controles possíveis em uma alavanca à direita da barra de direção. Então, eu me habituei a indicar mudança de pista com um toque da mão direita. O problema é quando dirijo o carro de Lizzie, minha mulher. Uma vez que o comando de seta fica à esquerda, acabo ligando o limpador de para-brisa toda vez que pretendo mudar de pista. Trata-se de um hábito fácil de interromper, mas nas primeiras vezes meu cérebro liga o piloto automático e faz o movimento errado. Embora possa parecer à primeira vista, não sou dependente do uso da mão direita.

Hábito versus dependência

Antes de deixar de consumir açúcar, eu tinha o hábito de me recompensar com um quadradinho ou dois de chocolate, diante da tevê, ao fim de um longo (ou curto) dia. Estava viciado no açúcar contido no chocolate. O hábito de comer em frente à televisão reforçava a dependência, embora não fosse parte dela. Relaxar diante da telinha é prazeroso – tanto quanto a jardinagem, para alguns. No entanto, nenhuma das duas atividades é viciante, no sentido químico. O hábito reforça a dependência química. O papel do hábito é proteger a dependência das tentativas de interrupção.

Uma etapa importantíssima dessa interrupção é o reconhecimento dos hábitos associados à dependência. Para mim, assistir à televisão era – e ainda é – um meio de relaxar. Mas a dependência de açúcar se infiltrou e tomou conta da experiência prazerosa. O açúcar se tornou parte integrante do processo de relaxamento. Na minha mente, o prazer de assistir à televisão estava diretamente associado à dopamina gerada pelo açúcar. É possível dissociar as duas atividades, desde que não seja preciso aplicar a força de vontade para abster-se de uma das duas.

O problema com a dependência é que ela frequentemente se agrega como uma parasita a experiências agradáveis mas não viciantes, a ponto de ser impossível distinguir uma da outra. Você relaxa diante da telinha e come chocolate. A porção "relaxamento" é a verdadeira experiência prazerosa, mas o chocolate fica com os créditos, porque corresponde a "tirar os sapatos apertados". Uma vez que o hábito e a dependência se reforçam mutuamente, o hábito representa um gatilho incômodo, quando a intenção é eliminar a dependência. O momento de maior carência é aquele em que você costuma comer açúcar. Parece impossível relaxar em frente à tevê sem o chocolate. Ou comemorar a Páscoa.

Os hábitos vão realmente testar a sua decisão, por causa da forte associação e, em algumas ocasiões, da forte pressão do grupo (aniversários, Páscoa, Natal etc.). Em determinadas situações, a única maneira racional de lidar com o problema é evitar os eventos associados ao consumo de açúcar, até estar livre da dependência. Lembre que você não está abrindo mão de um prazer para sempre. Não existe nada de intrinsecamente errado com o hábito, mas ele pode esconder uma dependência química. Uma vez interrompida a dependência, não há problema em retomar o hábito. Em alguns casos, o açúcar pode ser substituído por um produto diet.

Portanto, se você tem o hábito de relaxar ao fim do dia assistindo à televisão e comendo chocolate, deixe a televisão desligada durante um mês e relaxe de outro modo. Ou mantenha o hábito de ver tevê, mas troque o chocolate por nozes, por exemplo.

Já se sabe que o processo de eliminação da dependência de açúcar pode levar três ou quatro semanas. Para mim foram aproximadamente quatro. Neste momento, decorridos cinco meses, meus hábitos e associações desapareceram. Talvez você queira perguntar: "Como assim?"

Conheço uma pessoa que precisou de pouco tempo para livrar-se da dependência do fumo – umas duas semanas. No entanto, somente oito meses mais tarde deixou de procurar os cigarros no console, sempre que entrava no carro.

Hoje minhas associações a alimentos ricos em frutose finalmente desapareceram. Por 35 anos ou mais (tenho 41 de idade), eu sempre afogava a comida em molhos e caldas. Chocolate e biscoitos eram consumidos sem economia. Não sobrava um para o dia seguinte.

No supermercado, não percorro mais o corredor de doces e biscoitos pensando "Hummm... Queria comprar..." Também não abro mais a geladeira para pegar "discretamente" um copo de suco ou um pudim de chocolate escondidos pelo amigo com quem divido o apartamento.

AJ

Você vai precisar interromper todos os hábitos associados ao açúcar ou substituir o açúcar. Os hábitos desse tipo são muitos, com certeza, e a primeira coisa a fazer é reuni-los em uma lista. Nos primeiros lugares, ponha os hábitos diários, que deverão ser enfrentados com mais frequência. Neste estágio, não se preocupe muito com o açúcar nas refeições (exceto a sobremesa); esse consumo não se baseia em hábito – a não ser que você considere estar vivo um mau hábito. O terceiro capítulo trata da eliminação do açúcar da alimentação regular. Aqui, o que nos preocupa é o que você come entre as refeições: os lanchinhos habituais que incluem açúcar.

REGRA NÚMERO 2: NÃO "BELISQUE" AÇÚCAR.

Esta era a minha lista de hábitos, antes que eu deixasse de consumir açúcar:

1. Uma xícara de chá (podiam ser cinco ou seis por dia) é sempre acompanhada de um biscoito (ou três).

2. Sempre tomo suco no café da manhã.
3. Sempre como sobremesa depois do jantar.
4. À noite, sempre como alguns pedaços de chocolate diante da tevê. Nos fins de semana, prefiro sorvete com cobertura de chocolate.
5. Sempre que peço um café, compro um muffin para acompanhar.
6. Nas compras, não consigo passar por uma máquina de venda automática de refrigerante sem comprar um.
7. Nos restaurantes e lanchonetes que oferecem este recurso, sempre compro um refrigerante e o tíquete que dá direito a comer à vontade, porque é mais fácil e, provavelmente, mais barato. Terminada a refeição, sempre peço um sorvete.
8. Nas raras ocasiões em que me exercito mais fortemente, eu me concedo a recompensa de uma barra de chocolate ou um refrigerante. Ou os dois.
9. Quando vou ao cinema, sempre compro um refrigerante grande.
10. Quando não bebo álcool, bebo alguma coisa doce (geralmente suco ou refrigerante).
11. Meu drinque preferido é gim com água tônica – rica em açúcar.

Organize a sua lista com a máxima honestidade. Pense nas últimas semanas. Quais foram as ocasiões em que consumiu açúcar? O que estava fazendo no momento? Inclua na lista todos os comportamentos habituais que envolvam comer (ou beber) açúcar. Agora, deixe a leitura de lado e vá cuidar da lista. Só volte a pegar o livro quando a lista estiver pronta.

Estratégias de proteção

A primeira etapa é reconhecer que você consome açúcar habitualmente. Não dizendo coisas do tipo "Sei que não deveria comer açúcar", mas de modo específico: "Sei que se fizer isso vou comer açúcar". De posse da lista (está com a lista pronta, não está?), você pode preparar estratégias de proteção para o período de abstinência. Lembre que não vai ser para sempre. Assim que se livrar da dependência, poderá retomar os antigos hábitos, porque não haverá açúcar envolvido.

Veja a minha lista de estratégias de proteção:

1. Manter um vidro de nozes ao lado da chaleira e desaparecer com os biscoitinhos. Assim, disponho de um acompanhamento sem açúcar para o chá.
2. No café da manhã, substituir suco de frutas por leite ou água.
3. Não ter em casa ingredientes para a sobremesa que contenham açúcar. Preferir outro tipo de petisco depois do jantar – batatas chips, por exemplo.
4. Ao assistir a programas de televisão, substituir chocolate por nozes.
5. Quando tomar café, escolher um acompanhamento que não contenha açúcar. Torradas com manteiga são uma boa ideia. Se o estabelecimento não dispuser dessa opção, tomar café em outro lugar.
6. Diante de uma máquina automática de vendas, preferir água ou bebida diet, em vez de refrigerante comum.
7. Em um restaurante ou lanchonete, acompanhar a refeição com refrigerante diet e evitar a torta de maçã na sobremesa.
8. Depois do exercício físico, escolher uma recompensa que não tenha a ver com comida – uma ida ao cinema ou à biblioteca, por exemplo. (Sem esquecer os itens 4 e 9.)
9. No cinema, preferir refrigerante diet.
10. Quando comer fora, preferir bebidas diet ou água mineral.
11. Usar água tônica diet, ao beber gim tônica.

É muito importante registrar por escrito a lista de estratégias de proteção. Isso não quer dizer que você vá carregá-la aonde for – até poderia, mas provavelmente não será preciso. A questão é que a palavra escrita força a identificação dos seus hábitos e direciona a sua mente para as medidas a serem tomadas para evitar o açúcar. Uma estratégia do tipo "Vou dar um jeito" não funciona. É necessário um plano minucioso. Se você chegar a um balcão repleto de muffins, sem um plano, imagine o que vai querer para acompanhar o café! Você tem de saber que as cafeterias servem torradas com manteiga. Que as máquinas de refrigerante vendem bebidas com zero açúcar. E que, se não houver essas opções, você pode comprar em outro lugar. Encontre as estratégias adequadas à sua lista.

Por sorte as minhas estratégias não exigiam que eu eliminasse completamente os hábitos. Uma vez que contava com o privilégio de trabalhar em casa, podia controlar o ambiente. Para muita gente é impossível eliminar o açúcar no local de trabalho, a menos que alguém queira receber o prêmio do funcionário mais impopular.

Quando o hábito de consumir açúcar depende de outras pessoas, é preciso interromper o hábito antes de eliminar a dependência. Não é razoável (ou possível) deixar de comer um biscoito doce para acompanhar a xícara de chá de todas as manhãs, se ele está na sua frente e é a única oferta. Afinal, o hábito se desenvolveu ao longo de anos e não bastam pensamentos positivos para interrompê-lo. Nessa situação, sem opções disponíveis, é preciso mudar o hábito para evitar a exposição ao açúcar. Leve o seu pote de nozes e deixe ao lado dos biscoitos (com a devida advertência aos "invasores"). Você ainda vai encaminhar-se para os biscoitos. Em seguida, porém, pensando na lista de estratégias, vai dirigir-se conscientemente para as nozes.

Para mim, abrir mão do exercício físico era uma escolha viável, pois pretendia apenas perder peso – sem resultado. Para algumas pessoas, porém, exercício representa prazer. A descarga de endorfina vicia. A boa notícia é: se você gosta de se exercitar, continue. Precisa apenas cuidar para beber (e comer), durante e depois, produtos isentos de açúcar. Não se recompense com uma barra de chocolate porque acha que merece. Mude a recompensa para algo que seja zero açúcar. Que tal um pacote de batatinhas? Caso considere indispensável uma dose de açúcar depois do exercício físico, interrompa essa atividade durante um mês, aproximadamente. Você vai poder retomá-la quando estiver livre da dependência.

Talvez passe agora pela sua cabeça que esse não parece um modo de perder peso. E não é mesmo. Estamos concentrados em acabar com uma dependência. A substituição de biscoitos por nozes provavelmente não reduz a quantidade de calorias ingeridas. O que se quer é cortar a ligação entre hábitos prazerosos e açúcar, objetivo que corresponde à segunda etapa do processo.

A sua lista de estratégias de proteção pode mudar. Você com certeza esqueceu algumas coisas. Às vezes, nem notamos que o açúcar faz parte de determinados hábitos. No meu caso, o número 11 só foi acrescentado à lista mais tarde, pois não me ocorrera que água tônica contém açúcar, uma vez que não sentia o gosto. Você também vai desenvolver novos hábitos, como um meio de evitar os antigos. A cafeteria não fazia parte da minha lista original; entrou para que eu pudesse fugir do pote de biscoitos. Portanto, fique vigilante. Ao identificar uma nova situação que leve ao consumo de açúcar, elabore uma estratégia e acrescente à lista.

Lembre que você não vai fazer isso pelo resto da vida. Só é necessário enquanto durar a dependência de açúcar. Depois, não haverá necessidade de estratégias para evitar o contato. Pergunte a um ex-fumante o que acha do convívio com pessoas que fumam. Os ex-fumantes costumam ser os mais ferrenhos inimigos do fumo. Uma vez interrompida a dependência de açúcar, um bolo de chocolate em três camadas ao lado do bule de chá não parece nem um pouco tentador. Você pode retomar antigos hábitos com segurança, sabendo que não lhe passa pela cabeça considerar o açúcar parte do prazer. Na verdade, ao olhar para trás, nem vai entender por que envenenava o próprio organismo.

Um ponto importante é lembrar que seria tolice tentar eliminar hábitos ligados ao açúcar em situações nas quais o consumo é quase obrigatório. Tomar a decisão na véspera do Natal ou do domingo de Páscoa é praticamente uma garantia de fracasso. O conselho vale para o caso de você ter agendados para o mês seguinte vários eventos sociais "regados" a açúcar. (Quem sabe alguns amigos vão completar 40 anos e comemorar o aniversário?) Talvez seja melhor adiar. O período de abstinência vai ser bastante difícil. Não há necessidade de complicar ainda mais escolhendo começar em época de fortes pressões sociais.

Na semana passada, a equipe de voluntários da qual faço parte em uma ambulância comemorou o Natal. Sobre a mesa, um apetitoso e açucarado bolo de abacaxi. Eu tinha perdido 10 quilos e, em uma travessura natalina, comi duas fatias com uma grande quantidade de creme de baunilha sem açúcar.

No dia seguinte, o café, de que sempre preparo cinco xícaras e acho saboroso, me pareceu amargo. À noite, eu quase subia pelas paredes, tanta era a vontade de comer alguma coisa doce.

Uma semana de intensa luta foi o preço da minha "reeducação", depois de apenas duas fatias de bolo. A glicemia de jejum chegou a 145 mg/L, quando antes ficava entre 75 e 91. Somente agora os níveis estão entre 109 e 127 mg/L.

Johnny Kesselscmidt

Uma vez interrompido o seu hábito de açúcar, as pressões não mais o afetarão. Sem muito problema – porque não será problema –, você vai encontrar o que comer, sem incomodar os anfitriões nem se prejudicar. Talvez seja difícil de acreditar, mas é possível estar no meio de um monte de gente comendo ovos de Páscoa e não sentir a mínima vontade de fazer o mesmo.

No entanto, ainda não é o momento de começar a lutar contra a dependência. Primeiro, é preciso enfrentar a maior fonte de açúcar na sua dieta: o alimento que mantém a sua vida.

Terceiro passo – Eliminação do açúcar

Se estivéssemos tratando de qualquer outra dependência, esta etapa não seria necessária. Quando a substância viciante e prejudicial é óbvia, torna-se relativamente fácil evitá-la; basta separar dos hábitos associados. Acontece que o ingrediente ativo do açúcar – sob o ponto de vista da dependência – é a frutose, que graças às maravilhas da moderna produção de alimentos está presente em quase todos os itens nas prateleiras dos supermercados. Portanto, antes de começar a combater a dependência, você vai ter de abrir caminho por um campo minado de alimentos cheios de frutose.

Esta etapa aborda as estratégias de compra, para evitar que o excesso de frutose contamine a sua despensa. Para começar, devo dizer que é impossível abolir completamente os alimentos com frutose. Isso não chega a ser uma notícia ruim, pois a ciência atualmente confirma o que já tinha sido observado intuitivamente: estamos adaptados a um pouco de frutose na alimentação e somos capazes de lidar com pequenas quantidades. Muito antes de descobrirmos como adicionar açúcar a tudo, a frutose estava presente na nossa dieta. A diferença é que vinha na embalagem original (a fruta), e a oferta era relativamente escassa.

As pesquisas garantem que podemos consumir diariamente a frutose contida em dois pedaços de fruta - cerca de 10 gramas. A única condição é que a fruta seja também rica em fibras (aproximadamente 5 gramas ou mais por dia), para não causar danos. A figura 2.5, na página 97, mostra o teor de frutose e de fibras em algumas frutas. Nessa quantidade, a fibra age para reduzir os danos causados pela frutose e é improvável que surjam efeitos a longo prazo. No entanto, um estudo feito na Austrália concluiu que o adulto médio consome de 60 a 75 gramas de frutose diariamente. Uma boa parte disso vem no que chamamos de alimentação "normal", e não em pratos especiais. Nesta etapa, nossa tarefa é identificar essas fontes de frutose e reduzi-las drasticamente.

Como você vai precisar de espaço nos armários, a primeira providência é descartar todos os alimentos ricos em frutose que estiverem na geladeira ou na despensa. Vamos examinar uma categoria de cada vez, começando pela mais fácil e mais óbvia: doces e biscoitos.

Doces e biscoitos

Chocolates de qualquer tipo devem ser doados a quem quiser. O mesmo vale para tudo que você comprou na seção de doces do supermercado. Eu poderia organizar uma lista de doces com o menor teor de açúcar, mas isso não traria vantagem alguma. Mesmo o melhor dos melhores (o de mais baixo teor entre os mais baixos) não se encaixa em uma escala aceitável. No entanto, existem alternativas, que descrevo no terceiro e no quinto capítulos.

INFORMAÇÕES NUTRICIONAIS		
Porções por embalagem: 3	Tamanho da porção: 150 g	
	Quantidade em cada porção	Quantidade por 100 gramas
Energia	145 kcal	96 kcal
Proteína	4,2 g	2,8 g
Gorduras totais	7,4 g	4,9 g
– Saturadas	4,5 g	3,0 g
Carboidratos totais	18,6 g	12,4 g
– Açúcares	18,6 g	12,4 g
Sódio	90 mg	60 mg
Ingredientes: leite integral, leite desnatado concentrado, açúcar, banana (8%), morango (6%), uva (4%), pêssego (2%), abacaxi (2%), gelatina, cultura, espessante (1442).		
Todas são quantidades médias.		

Figura 2.3: Informações nutricionais em uma embalagem de iogurte de frutas, cortesia de Food Standards Australia New Zealand (FSANZ).

Antes de seguirmos adiante, vale a pena dizer umas palavrinhas sobre rótulos. Na Austrália, por exemplo, desde 2003 é ilegal vender a maior parte dos alimentos industrializados sem as informações nutricionais – Nutrition Information Panel (NIP) – na embalagem. O NIP deve listar informações sobre energia (quilojoules), proteínas, gorduras totais, carboidratos totais e sódio (sal). A lei obriga também a fracionar as gorduras saturadas e os carboidratos. O açúcar é um tipo de carboidrato. Por isso os açúcares estão listados como subcategoria na seção de carboidratos (veja a figura 2.3 acima). Todos os ingredientes devem aparecer em ordem decrescente de peso. Assim, o primeiro da lista é o de maior quantidade. No rótulo da embalagem de iogurte, o leite integral é (ainda bem) o ingrediente dominante.

A lei australiana não exige que os fabricantes fracionem a seção de açúcares nas informações nutricionais. Assim, muitos ingredientes que contêm quantidades significativas de açúcar não aparecem como tal na lista de ingredientes. Eis alguns exemplos de ingredientes que contêm açúcar ou que se convertem em açúcar logo que consumidos:

Dextrose	Frutose	Glicose
Lactose	Malte	Maltitol
Maltose	Manitol	Mel
Melaço	Melado	Polidextrose
Sacarose	Sorbitol	Xarope de agave
Xarope de bordo	Xarope de milho	

Os "açúcares" incluem todos esses itens – e mais –, mas nem todos são igualmente maus. O corpo converte em glicose todos os carboidratos (inclusive os açúcares), exceto fibras e frutose. A glicose é a principal fonte de energia do organismo. A fibra normalmente não é digerida; precisamos dela para reduzir os danos causados pela frutose, que é convertida em gordura circulante. A frutose, portanto, é o único açúcar com que você realmente precisa se preocupar. Vamos dar mais uma olhada na lista de açúcares – desta vez com destaque para a frutose (*).

Dextrose (nome alternativo da glicose)
*Frutose
Glicose
Lactose (convertida pelo corpo em galactose e glicose)
Malte (convertido pelo corpo em glicose)
*Maltitol (convertido pelo corpo em frutose)
Maltose (convertida pelo corpo em glicose)
*Manitol (convertido pelo corpo em frutose)
*Mel (geralmente 40% de frutose)
*Melaço (geralmente 40% de frutose)

*Melado (geralmente 40% de frutose)
*Polidextrose (90% de dextrose, 10% de sorbitol)
*Sacarose (50% de frutose)
*Sorbitol (convertido pelo corpo em frutose)
*Xarope de agave (normalmente 90% de frutose)
*Xarope de bordo (até 40% de frutose)
*Xarope de milho (normalmente 55% de frutose)

No quarto capítulo, trato do assunto com mais detalhes. Por enquanto, porém, vamos voltar à arrumação da despensa.

Biscoitos doces são um pouquinho menos nocivos do que os doces. Para manter o seu estoque de alimentos realmente livre de frutose, os doces devem fazer companhia ao chocolate no descarte. Comparativamente, existem biscoitos com teor de açúcar mais baixo. Ainda assim, não recomendo que você tenha esses produtos à mão durante o período de abstinência. No entanto, interrompida a dependência, você pode consumi-los ocasionalmente.

Nem é preciso dizer que todos os queridinhos com mais alto teor de açúcar devem ser descartados imediatamente.

Nos últimos anos, os fabricantes têm anunciado as frutas secas como equivalentes às frutas frescas, em termos de benefícios para a saúde, mas não é bem assim. Compare, por exemplo, os teores de açúcar em passas e uvas no quadro seguinte:

100 g de passas (uvas secas sem sementes)	100 g de uvas (cerca de 20 uvas Thompson sem sementes)
Açúcares totais: 59 g, consistindo em:	Açúcares totais: 15,4 g, consistindo em:
Sacarose: 0,5 g	Sacarose: 0,1 g
Glicose: 27,5 g	Glicose: 7,2 g
Frutose: 31 g	Frutose: 8,1 g

Em média, as passas são 60% açúcar, e aproximadamente a metade desse açúcar é frutose (tal como na cana-de-açúcar). Portanto, não se deixe enganar pela mensagem "Se é fruta, é saudável", lançada por aqueles cuja intenção é manter você dependente de frutose. Uma molécula de frutose não sabe se veio de um pedaço de açúcar de cana ou de uma uva. Não existem variedades de moléculas de açúcar; frutose é frutose, venha de onde vier.

Bolachas

Bolachas costumam conter pouco açúcar. No entanto, quando o fabricante começa a acrescentar sabores exóticos, isso frequentemente resulta em um aumento às vezes significativo da quantidade de açúcar. Como regra geral, prefira a versão simples ou natural da bolacha. Evite qualquer coisa que diga "sabor frango" e fuja de sabores exóticos.

Em média, consomem-se 60 gramas de bolachas em uma reunião – mais ou menos 4 grandes ou 15 bem pequenas. São pouquíssimas as que têm quantidade significativa de açúcar, mas lembre que isso não se aplica ao que você põe sobre as bolachas.

Todas as bolachas ricas em açúcar devem ir para o lixo, mas há muitas opções disponíveis.

Bebidas

Bebidas doces funcionam como uma via expressa de frutose, rumo à corrente sanguínea. Em média, uma criança consegue engolir um copo pequeno (250 mililitros) de suco de maçã em menos tempo do que você leva para ler esta frase. Esse copo de suco corresponde a três maçãs grandes – sem a fibra. Minhas crianças levariam quase a manhã inteira para comer três maçãs grandes, mas o suco desaparece em um instante. Você é capaz de beber um copo grande de suco de maçã para acompanhar uma refeição completa e nutritiva, mas tente comer as seis maçãs necessárias àquela quantidade de suco e veja quanto consegue comer. Bebidas doces são o meio mais eficiente de mandar açúcar para dentro do corpo. Quantidades enormes podem ser consumidas em um piscar de olhos. Uma garrafa de 600 mililitros de Coca-Cola (ou qualquer outro refrigerante) corresponde a 66 gramas de açúcar (33 gramas de frutose), o que excederia a sua cota diária de 10 gramas (veja o terceiro passo, na página 54).

É muito mais fácil dizer quais são as bebidas permitidas do que listar as proibidas. Na sua despensa ou geladeira, devem ficar apenas água e leite sem sabor. Se preferir uma bebida gasosa, opte por água mineral ou água tônica. Não importa se o leite é integral ou desnatado. Existe uma pesquisa interessante sobre produtos com baixo teor de gordura, segundo a qual a versão integral é melhor, mas vamos tratar do assunto com mais detalhes na página 87, "Alimentos com baixo teor de gordura".

Se você ler o quarto capítulo, onde falo de adoçantes artificiais, e ainda preferir bebidas dietéticas, continue. Durante o meu período de abstinência, eu sentia uma necessidade desesperadora de bebidas adoçadas artificialmente. Como se pode ver, pela minha lista de hábitos (página 49-50), muitos deles estavam associados aos refrigerantes. Eu bebia refrigerante durante as compras, no cinema, quando comia e quando bebia álcool – e, mesmo quando saía, mas não ingeria bebida alcóolica. Assim, boa parte da minha estratégia envolvia o consumo de bebidas adoçadas artificialmente nessas ocasiões. Eu não teria superado aquele período, e se você for um usuário tão constante quanto eu, provavelmente também não vai conseguir. O curioso é que, depois do período de abstinência, desaparece a necessidade de bebidas adoçadas artificialmente. Quando os refrigerantes perdem o apelo, transformam-se em simples líquidos de gosto estranhamente metálico.

Todos os outros sucos, refrigerantes e leites aromatizados devem tomar o caminho da lata de lixo. Não importa se o suco é preparado no espremedor ou industrializado; sua composição é açúcar e água. Algumas pessoas discordam da minha definição de suco – "refrigerante sem bolhas" – argumentando que os nutrientes justificam seu consumo. As pesquisas, porém, não sustentam essa posição. Os principais nutrientes na maior parte dos sucos são as vitaminas A e C. No entanto, a melhor notícia trazida até agora pelos estudos em larga escala sobre os benefícios da suplementação da dieta com essas vitaminas é que elas não fazem muito mal. Não existem indícios de que tal suplementação traga algum benefício ao indivíduo comum, membro da sociedade ocidental. Além disso, o suco não contém nada que não possa ser obtido da própria fruta. Portanto, se você tem certeza absoluta de que a sua vida vai ficar mais pobre sem os nutrientes contidos em um copo de suco de laranja, coma a laranja. Assim, vai consumir nutrientes e fibras.

Talvez você queira saber sobre o leite de soja. Esse alimento se destina aos portadores de intolerância à lactose – o açúcar do leite de vaca. A maioria dos filhotes de mamíferos, inclusive humanos, está adaptada para sobreviver à base de lactose enquanto jovem. No entanto, cerca de 70% (a maior parte) da população adulta mundial é intolerante à lactose: não consegue digerir o açúcar presente no leite nem usá-lo para produzir energia. Ao chegarem à idade adulta, esses indivíduos perderam a capacidade de fabricar a enzima que decompõe a lactose em galactose e glicose. Os descendentes de habitantes do norte da Europa, do Oriente Médio e da Índia (locais onde as pessoas conservam a mais longa associação com gado domesticado) têm mais possibilidade de continuar a fabricar a enzima. Essas pessoas – bem como a maior parte da população australiana – podem continuar a consumir leite e derivados confortavelmente. Para todas as outras, os produtos atravessam o sistema digestivo; daí ser a diarreia o principal sintoma de intolerância à lactose.

Infelizmente, o leite de soja também deve ser descartado, uma vez que precisa de açúcar para ficar com um gosto que lembre o gosto do leite. Os fabricantes costumam usar açúcar de cana, e não lactose. Isso remove imediatamente o leite de soja da lista de bebidas aceitáveis para quem pretende interromper a dependência de açúcar.

No entanto, o descarte do leite de soja não significa que o leite esteja banido da alimentação dos intolerantes à lactose. O leite de arroz é um tipo de leite de grãos processados do arroz – geralmente do integral – que costuma ser suficientemente doce, mesmo sem a adição de açúcar. O sabor adocicado da maior parte das variedades de leites de arroz é produzido por um processo enzimático que transforma as cadeias longas de moléculas de glicose (que constituem quase todo o arroz) em açúcares – glicose, em especial. Algumas variedades de leite de arroz, porém, podem ser adoçadas com açúcar. Portanto, observe com atenção a lista de ingredientes. Quando o rótulo informa cerca de 4% de açúcar, costuma ser glicose; se aparecer sacarose na lista, é sinal de que o leite contém frutose e deve ser evitado. A lista de ingredientes deve mencionar: água, arroz, óleo e sal (sem açúcar).

O leite de vaca tratado com enzimas, para os intolerantes à lactose é cada vez mais comum. Esses leites são modificados para introduzir, ainda no processo de fabricação, a enzima que decompõe a lactose. Assim, a lactose já vem digerida como galactose e glicose – os dois açúcares que se combinam para formar a lactose – permitindo aos intolerantes beber leite tranquilamente.

A outra categoria importante de bebidas não alcoólicas que você talvez tenha na geladeira são os "sports drinks" e seus primos menos esportivos, "vitamin waters" (águas aromatizadas) e "energy drinks" (energéticos). Todos são adoçados com açúcar, embora em menor quantidade do que um refrigerante; para eles, a porta da rua é serventia da casa.

Alimentos e bebidas adoçados com glicose são perfeitamente aceitáveis para um sucrólatra em recuperação. Como já vimos, o açúcar é metade glicose, metade frutose; essa é a parte perigosa. A glicose é o nosso combustível. O cérebro precisa de glicose para funcionar. Toda proteína e todo carboidrato ingeridos são convertidos em glicose, antes de gerar energia. Estamos bem adaptados ao monitoramento da glicose ingerida, feito com precisão pelo nosso sistema de controle do apetite. A glicose é o substituto perfeito para um sucrólatra em recuperação. Cabe, porém, uma advertência:

ALIMENTOS ADOÇADOS COM GLICOSE SÓ DEVEM SER CONSUMIDOS DEPOIS DE COMPLETADA A RETIRADA DO AÇÚCAR.

Enquanto você consumir açúcar, o seu sistema de controle do apetite vai funcionar precariamente. Se a sua alimentação incluir quantidades significativas de frutose, os alimentos adoçados com glicose vão piorar o problema. A glicose é metabolizada rapidamente e logo chega à corrente sanguínea. Com o mau funcionamento do sistema de controle do apetite, qualquer alimento causa superprodução de insulina, em uma tentativa desesperada de eliminar o acúmulo de glicose no sangue. Nessa situação, portanto, o consumo de glicose estimula ainda mais a produção de insulina. Assim, só adote a glicose como substituto quando tiver certeza de que o seu sistema de controle do apetite esteja funcionando perfeitamente. Você vai saber. (Veja "Manteiga e margarina", nas páginas 102-104.)

Refrescos em pó

Uma última categoria de bebidas não alcoólicas - talvez a mais perigosa - precisa ser retirada da despensa. Refrescos instantâneos são vendidos como alimento para criancinhas, lanche da tarde "saudável" para jovens e bebida dietética para adultos. Todos têm quantidades significativas de frutose e devem ser descartados.

Fórmulas infantis

Dou o nome de fórmulas infantis àquelas destinadas a crianças acima de 12 meses de idade. Na Austrália e Nova Zelândia, é proibido incluir sacarose (açúcar de cana) em fórmulas voltadas para crianças com menos de 12 meses. Como essa proibição não se aplica a outros países, preste muita atenção aos rótulos.

Se você tem filhos pequenos e pretende evitar que se tornem sucrólatras, verifique os rótulos das embalagens de fórmulas infantis. Até bem pouco tempo atrás, a maioria dos fabricantes convenientemente enchia de açúcar os produtos na tentativa de convencer os pequeninos a consumirem bebidas que, sem o sabor doce, seriam intragáveis. Em alguns casos, quase a metade do pó era puro açúcar! Atualmente existe um movimento conjunto dos fabricantes no sentido de substituir açúcar por glicose na maior parte das fórmulas infantis. No caso da Austrália, na época da publicação deste livro, o único fabricante que ainda usava açúcar na fórmula infantil era a Bellamy's, em seu Organic

Toddler Milk. O açúcar orgânico, empregado no produto, não difere quimicamente do açúcar comum. Como pode ser que hoje a situação esteja mudada, verifique o rótulo. Se encontrar "açúcar orgânico" (ou apenas "açúcar") na lista de ingredientes, não use.

Aromatizantes em pó

Para as crianças de 4 anos, que provavelmente começariam a recusar as fórmulas para bebês, os fabricantes criaram aromatizantes em pó "divertidos". Como as restrições impostas ao mercado de alimentos para bebês não se aplicam ao mercado de leite com sabor, esse produto sempre contém quantidades significativas de açúcar de cana e deve juntar-se à pilha a ser descartada.

Os adultos também gostam de leite com sabor. Nos últimos anos, shakes dietéticos e cafés com sabor tornaram-se bastante populares. Nenhum deles, porém, cabe na despensa dos sucrólatras em recuperação, uma vez que podem conter até um terço de açúcar. Os shakes dietéticos são ainda piores. A maior parte deles é adoçada com frutose pura. As receitas variam um pouco, conforme a marca, mas o shake se compõe, em média, de um terço de proteína, quase a metade de açúcar e um pouquinho de gordura para melhorar o gosto. Em outras palavras: leite em pó + açúcar + multivitaminas. Preparado de acordo com as instruções, um shake para substituir uma refeição pode conter até 25 gramas de açúcar.

Uma porção de Coca-Cola do tamanho do shake preparado contém aproximadamente a mesma quantidade de açúcar. No entanto, por usar açúcar de mesa (metade de frutose), em vez de frutose pura, a Coca-Cola assume a incomum posição de alternativa mais saudável. Seriam necessárias quase duas porções de Coca-Cola para atingir a quantidade média de frutose contida em um shake para perda de peso.

Álcool

Para o dependente dc açúcar, a ideia pode parecer estranha e sem graça. Hoje, quando quero beber alguma coisa, bebo água ou, às vezes, leite. Se água ou leite não me apetecem, é porque não estou com sede. O mesmo não se aplica a bebidas alcoólicas, às quais raramente recorremos, quando se trata de matar a sede.

No vinho, o álcool se forma pela fermentação dos açúcares presentes no suco de uva (glicose, frutose e sacarose). Na cerveja, o álcool se forma pela fermentação da maltose (combinação de duas moléculas de glicose). O álcool – ou, mais tecnicamente, um etanol – é um açúcar fermentado. Um vinho seco guarda pouquíssimo do açúcar original, mas um vinho doce, como um "botrytis" ou vinho de sobremesa, contém quantidade significativa de açúcar. Em média, vinhos doces são cerca de 4% de frutose.

Com uma importante condição – que já vou explicar –, o sucrólatra em recuperação pode consumir bebidas alcoólicas, desde que não apresentem gosto doce nem estejam misturadas a outras bebidas que contenham açúcar. Não há problema em manter vinhos secos, cervejas e destilados, mas devem ser esquecidos vinho de sobremesa, porto, xerez, licores e bebidas para misturar, a menos que sejam dietéticas.

Tipo de vinho	Conteúdo médio de açúcar
Vinho tinto médio	0,6%
Vinho branco médio	1,0%
Vinho não alcoólico médio	1,1%
Vinho de sobremesa seco	1,1%
Champanhe	1,7%
Vinho de sobremesa doce	7,8%

A condição importante é que, embora o álcool não faça parte da dependência de açúcar, é viciante por si. Os estudos mais recentes – como o da Princeton University, mencionado na página 34 – concluíram que ratos de laboratório tendem a substituir uma dependência por outra. Você vai precisar se proteger da possibilidade de saltar da frigideira do açúcar para o fogo do álcool. Uma noção importante é que o álcool se metaboliza muito depressa em gordura, de modo quase tão eficiente quanto o açúcar. Os processos químicos são um pouco diferentes, mas a produção de gordura ainda é um resultado direto do consumo de álcool. O indivíduo ao mesmo tempo sucrólatra e bebedor pode ter agravados os problemas relativos ao consumo de açúcar. Ele engorda mais depressa, acelerando assim o surgimento de doenças ligadas à obesidade. Isso se deve à combinação do consumo ocasional de álcool (produtor de gordura) com o consumo constante de frutose (produtor de gordura).

Alguns pesquisadores sugerem que a frutose, depois de fermentada, é tão perigosa quanto era antes. Segundo eles, há similaridades entre o metabolismo do etanol pelo fígado e o resultado do consumo de açúcar a longo prazo. Tanto o dependente de álcool como o dependente de açúcar podem desenvolver cirrose, sofrer de gota ou acumular gordura abdominal.

No entanto, apesar dessas similaridades, a ciência aponta que o corpo trata o etanol como qualquer outro alimento, ao contrário do tratamento especial que dá à frutose. Na verdade, um número significativo de estudos sugere que, em quantidade limitada, o álcool atua como redutor dos efeitos da frutose. Ficou demonstrado definitivamente que o consumo de álcool reduz os fatores de risco de doença cardíaca e ajuda a eliminar a gordura das artérias. O álcool, assim como a glicose, estimula a produção de insulina, indicando o funcionamento adequado do sistema de controle do apetite e o monitoramento das calorias. Diferentemente da glicose, não existe desconto para o consumo de álcool; o que é consumido conta como alimento. Se o seu sistema de controle do apetite estiver funcionando – se não tiver sido prejudicado pela frutose –, as calorias do álcool vão impedir que você coma outros alimentos. Conclusão: álcool vicia, e uma dependência severa leva ao consumo de mais álcool. Conforme a quantidade, álcool e frutose acarretam as mesmas más consequências.

Uma vez eliminada a frutose da sua alimentação, uma bebida alcoólica ocasional não provoca danos significativos. Segundo algumas pesquisas, até contribui para a saúde das artérias. Assim, consumir álcool se parece com comer a fruta inteira: um pedaço de vez em quando não atrapalha a dieta com restrição de frutose e pode fazer algum bem. No entanto, se a pessoa começa a ingerir álcool tão intensamente quanto consumia frutose - até 100 gramas por dia, o que corresponde a aproximadamente 20 drinques por dia -, não há progresso algum; apenas a substituição de uma dependência mortal por outra. Ainda que as mortes causadas pelo alcoolismo sejam um tantinho menos numerosas do que as mortes causadas pela obesidade, não considero essa troca um avanço. Eliminada a frutose, um drinque-padrão (5 gramas de etanol) por dia é a medida ideal.

Cereais para o café da manhã

Antes da Segunda Guerra Mundial, cereais só eram consumidos no café da manhã por quem precisava "facilitar a digestão". Se um australiano, por exemplo, sofresse de prisão de ventre, talvez o médico lhe sugerisse substituir os habituais fígado e costeletas de carneiro por cereais no café da manhã. Nem é preciso dizer que esse mercado, na época, andava mal.

A guerra provocou muitas mudanças, mas talvez as maiores tenham sido associadas à entrada maciça das mulheres na força de trabalho. Diante das circunstâncias extremas de uma guerra mundial, papéis tradicionais ligados ao gênero foram abandonados, e as mulheres, incentivadas a assumir cargos antes eminentemente masculinos. Quando os homens voltaram da frente de batalha, porém, muitas delas se mantiveram no trabalho. Assim, com os adultos da casa trabalhando pelo menos uma parte do dia, refeições preparadas em casa logo se tornaram um luxo próprio dos fins de semana. Não seria preciso atirar caixas de cereais na cabeça dos fabricantes para eles perceberem que surgia ali uma real oportunidade de mercado. A grande variedade e a facilidade de preparo formavam o tema central das campanhas publicitárias. No entanto, o verdadeiro salto à frente só aconteceu nos últimos anos da década de 40.

Em 1940, uma empresa norte-americana - a Post - criou o primeiro cereal voltado para crianças. Sugar Crisps era um produto vendido como uma delícia para o café da manhã ou o lanche. O açúcar saltava como ingrediente principal, e a corrida começou. Em 1953, aproveitando a onda de popularidade, a Kellogg's lançou Sugar Smacks, com 56% de açúcar, e em seguida Apple Jacks (48% de açúcar) e Froot Loops (42% de açúcar).

As crianças que cresceram comendo cereais no café da manhã nos anos 50 tornaram-se pais e mães na década de 70. Esses adultos tinham sido treinados a preferir cereais de gosto doce, e os fabricantes obedeceram alegremente. Na Austrália, por exemplo, quase todos os cereais vendidos contêm quantidades significativas de açúcar. Os únicos que apresentam teor de açúcar remotamente aceitável são variações naturais de biscoitos à base de aveia ou trigo – desde que não se acrescente açúcar ou mel. Você teria de comer oito desses biscoitos, para chegar perto de uma colher de chá de açúcar. Portanto, se houver tal produto na dispensa, pode deixar. Tudo que contiver mais de 3 gramas de açúcar por 100 gramas deve ir para a pilha de descarte.

Nem todo cereal tem o mesmo peso para determinado volume. Uma tigela de flocos de milho é mais leve do que a mesma quantidade de granola. Para a maior parte dos cereais, uma criança consome aproximadamente 50 gramas. No caso de um adulto, o dobro da quantidade dá uma boa ideia do consumo.

Quem acredita nas mensagens de marketing transmitidas pelos fabricantes de cereais para o café da manhã talvez se surpreenda com as listas de ingredientes. Caso encontre no rótulo itens como mel ou passas brancas, é melhor verificar cuidadosamente o conteúdo de açúcar. Não se deixe enganar pelos lançamentos de cereais de aveia com sabor. Diferentemente de seus primos sem sabor, eles costumam apresentar alto teor de açúcar. Uma porção de 100 gramas de cereais para adultos podem acrescentar oito colheres de chá à sua alimentação.

Granola e barras de cereais

Você está prestes a reduzir significativamente as opções de lanches das suas crianças. Quase todas as granolas e barras de cereais contêm quantidades extraordinariamente elevadas de açúcar. No entanto, nem todas as barras são iguais, e as variações incluem o peso, que pode estar entre 30 gramas e 70 gramas. Embora eu não considere os adoçantes artificiais piores do que a frutose para um curto período de dessensibilização ao açúcar, não recomendaria o consumo a longo prazo nem ofereceria aos meus filhos.

As granolas e barras de cereais de alto teor de açúcar podem ser classificadas como doces, mas infelizmente são anunciadas com frequência como alternativas saudáveis, em especial para crianças. Lembre que o tamanho da porção pode alterar significativamente a quantidade de açúcar, e crianças não costumam se contentar com pouco.

Condimentos/Molhos

Eu me surpreenderia se encontrasse na sua despensa um só condimento ou molho com menos de 15% de açúcar. E mais: aposto que a maior parte ultrapassa os 20%. Molhos comercializados ("barbecue" e de tomate) podem ir para o descarte. Maionese deve tomar o mesmo caminho, a menos que seja integral. Molho de soja e molho para taco podem ficar, mas o resto é só problema. Veja no terceiro capítulo um guia detalhado sobre as alternativas aos produtos comerciais que forem descartados.

Iogurte

Você tem iogurte na geladeira? Se tiver, é bem provável que ele seja rico em açúcar. Eis aí uma armadilha para os novatos. Por muito tempo comprei iogurte, acreditando no que diziam os fabricantes: "Sem adição de açúcar". Com o tempo, acabei por descobrir que não é bem assim. Tinha optado por uma marca de iogurte de frutas cujo rótulo trazia tal informação. Quando a advertência mudou para "Sem adição de açúcar de cana", as luzes vermelhas começaram a piscar. Ao analisar melhor a lista de ingredientes, descobri que realmente não havia açúcar de cana, mas encontrei em uma das primeiras posições "extrato de suco de fruta". Extrato ou concentrado de suco de fruta é outra informação que pode ser traduzida como "açúcar". As moléculas de açúcar são igualmente perigosas, quer tenham saído de uma fruta ou da cana. Ao examinar uma embalagem antiga de iogurte, com a indicação original "Sem adição de açúcar", descobri, para minha decepção, que os ingredientes eram exatamente os mesmos. A única diferença – provavelmente em obediência à lei – era a introdução da expressão "de cana". Fiquei horrorizado. Vinha oferecendo o produto aos meus filhos, certo da isenção de açúcar, e não era nada disso! Não admira que eles engolissem o iogurte alegremente, como se fosse sorvete.

Em estado natural, o iogurte é extremamente amargo. Se o que você tem na geladeira não for assim, é sinal de que foi adoçado – com açúcar, frutose pura (frequentemente descrita no rótulo como "suco de fruta concentrado") ou adoçante artificial. Tal como o leite, iogurte contém lactose, o que obriga a uma correção dos números do açúcar indicados no rótulo, para calcular a quantidade de frutose ingerida. Nas minhas contas, atribuo à lactose o valor de 4,7 gramas para 100 gramas de açúcar. Além da lactose, a maior parte do açúcar no iogurte vem da frutose adicionada ou do sabor de fruta. Se o adoçante for "suco de fruta concentrado", trata-se de frutose pura, o que dobra a quantidade estimada de açúcar.

Afora os iogurtes dietéticos, nenhuma das variedades de iogurte com baixo teor de açúcar tem gosto doce, e todos são perfeitamente aceitáveis para um sucrólatra em recuperação. Iogurte amargo não corresponde à minha ideia de prazer, mas é ótima base para molhos de saladas.

Se encontrar na sua despensa alguma embalagem de iogurte com alto teor de açúcar, deixe que ela siga o caminho do descarte

Iogurte é um produto pesado. Portanto, embora 12% não pareçam uma porcentagem significativa, lembre que uma embalagem pequena pesa cerca de 200 gramas, ou seja, 24,2 gramas de açúcar – quase seis colheres de chá. E, no caso de produtos com altos teores, oito colheres de chá. Você quer iogurte com açúcar ou açúcar com iogurte?

Sorvete

Não se surpreenda se você tiver descartado todas as embalagens de sorvete. Mesmo um pote pequeno (200 gramas) de sorvete com redução de açúcar contém duas colheres de chá, além de vários adoçantes artificiais, isso sem levar em conta que um deles (o sorbitol) é metabolizado essencialmente como frutose (veja o quarto capítulo). Você vai gostar de conhecer, no quinto capítulo, a receita de sorvete sem açúcar. O sorvete feito com glicose tem um gosto idêntico ao do produto normal. Infelizmente, porém, tem de ser feito em casa; os fabricantes ainda não entraram nesse terreno.

Uma colherada corresponde a 100 gramas de sorvete-padrão. Uma vez que as pessoas, em sua maioria, pedem duas colheradas - a não ser que custe uma fortuna -, os ingredientes devem ser contados em dobro. Na verdade, porém, nada disso importa, se você não vai comprar sorvetes industrializados.

Quarto passo - Abstinência

Walt Disney disse certa vez: "O jeito de iniciar alguma coisa é parar de falar começar a agir". Chegamos exatamente a esse ponto, na nossa missão de interromper a dependência de açúcar.

O período de abstinência não tem graça nenhuma, mas acaba. E, uma vez encerrado, você estará para sempre livre da vontade de consumir açúcar. Um prato de biscoitinhos terá a mesmo apelo de uma travessa de brócolis crus. Isso acontece porque a dependência funciona pelo desenvolvimento de um sistema de recompensa e castigo. Quando você interrompe o consumo, o efeito de bem-estar começa a diminuir, provocando uma leve depressão, com uma sensação de vazio ou mesmo de desânimo. O processo não mata, mas se acumula e dá a impressão de que somente uma dose é capaz de proporcionar alívio. Consumir açúcar em pequenas quantidades pelo resto da vida é a pior das soluções: o desejo não passa (não há recompensa) e, ao mesmo tempo, a resposta de dopamina continua a ocorrer, mantendo vivo o circuito de dependência no cérebro. O dependente não se livra da heroína diminuindo a dose. O dependente de açúcar também não. Fico horrorizado ao ver como laboratórios farmacêuticos convencem fumantes a trocar os cigarros por adesivos de nicotina. O objetivo deve ser interromper a dependência de nicotina – não necessariamente de uma hora para outra, como eu fiz. Uma interrupção súbita funciona bem para alguns, mas outros consideram mais fácil reduzir o consumo aos poucos. Voltaremos ao assunto adiante, na página 77.

O meio de acabar com a dependência de açúcar é começar *hoje*. Não se pode deixar as coisas ao acaso, porém. O açúcar causa uma dependência química; então, a abstinência deve ser química. E não vai ser agradável. Você nem sabia falar e já era dependente de frutose. Portanto, livrar-se da dependência é uma tarefa que exige um mínimo de esforço e algumas regras perfeitamente claras. Só não exige força de vontade.

Se você pretende parar abruptamente, sugiro uma última refeição com os seus alimentos doces preferidos. Que tal uma barra de chocolate e uma lata de Coca-Cola? Sente-se e tome consciência da última vez na vida em que vai comer (ou beber) açúcar. Aproveite mesmo, até a despedida. Sinta o prazer da resposta, enquanto a dopamina e as endorfinas atravessam o seu cérebro. E pare. Deste momento em diante, você não vai tocar em um só alimento que contenha açúcar. O começo não é agradável, mas já é metade da batalha. Aguente. Não existe moderação. Você parou de se envenenar. Se conseguir superar as próximas semanas de perigo, vai gozar a saúde que o açúcar havia sugado da sua vida até então.

E de repente o seu desejo de açúcar desaparece. Sei que parece estranho, mas é assim que acontece. Bang! Açúcar nunca mais! É difícil acreditar, até você passar pela experiência. Afinal, você sempre foi dependente e não conhece outra realidade.

Como será a abstinência?

Cada um é cada um. A abstinência é sempre diferente e pode ter duração variável. Todos com quem conversei depois do lançamento de "Sweet Poison" contaram uma história própria. Alguns disseram que nem perceberam. Sentiram certo desconforto por um ou dois dias, e pronto. Essas pessoas, porém, representam a exceção. Cada indivíduo apresenta um nível diferente de suscetibilidade à dependência. Há quem fume um cigarro ocasionalmente. O mesmo se aplica ao açúcar. Há quem consuma ocasionalmente um pouco de açúcar sem ficar dependente. Eu não sou um desses. Faço parte da maioria, que se torna dependente. Quando paramos de consumir a substância viciante, atravessamos um período de abstinência. Se nos expusermos novamente a ela – em quantidade –, a dependência volta. Se você pertence ao grupo que deixa de consumir açúcar quando quer, parabéns. Basta não exagerar. No entanto, o fato de não ser dependente não significa que o açúcar seja inofensivo; significa apenas que você consegue reduzir a ingestão de açúcar mais facilmente do que as outras pessoas.

Essas outras pessoas devem esperar que aconteça com elas o que aconteceu comigo. Nos primeiros dias, eu sentia uma fome constante, por mais que comesse alimentos sem açúcar. Não conseguia passar pelo pote de nozes que tinha deixado na cozinha sem sair com a mão cheia. Não recusava comida. Queria comer o tempo todo. Fiz o que tinha vontade de fazer: comi muito de tudo, desde que sem açúcar. Hoje sei que aquela sensação parecida com fome, desenvolvida depois de anos de dependência, não era fome de verdade, mas insatisfação. Os sucrólatras raramente sentem fome genuína, bem como raramente se sentem satisfeitos. O sistema de controle do apetite fica a meio caminho, entre o "ligado" e o "desligado", e eles estão sempre prontos para uma refeição, especialmente se houver açúcar envolvido. Só depois do período de abstinência aprendi o que é a verdadeira fome. Naqueles primeiros dias, mal a última porção descia pela garganta, eu já pensava na refeição seguinte. Não chegava a ser uma sensação intensa; apenas um tanto desagradável. Esse é o mecanismo que leva à busca da substância que provocou a dependência. De modo geral, resisti bem, mas não me esqueço de um evento social, quando acabei cedendo.

Era um daqueles jantares formais em que os garçons circulam, alternando os pratos. Essas ocasiões inevitavelmente despertam certa indecisão – você lamenta ter ficado com aquele purê não identificável, artisticamente arrumado no prato, em vez da carne. Chegou a hora da sobremesa. Se estivesse em um restaurante, recusaria e pronto, evitando qualquer potencial tentação. No entanto, a sobremesa – um delicioso bolo de chocolate em camadas – foi deixada diante de mim enquanto eu olhava para outro lado. Verdade! Lá estava eu olhando para o bolo, enquanto todos em volta comiam e elogiavam. "Que mal há?" – eu me perguntei. E comi. Estava gostoso, muito gostoso. E não provei só um pedacinho. Praticamente lambi o prato. Aquela sensação vagamente desagradável desapareceu pela primeira vez em dias e eu me senti ótimo! Continuei me sentindo bem até a manhã seguinte, quando surgiram a sensação parecida com fome, uma dor de cabeça terrível e um intenso desejo de comer qualquer coisa doce.

Felizmente eu já estava consciente da minha dependência e determinado a não me deixar derrotar. Daquele momento em diante, fiquei longe do açúcar, com raríssimas pequenas escapadas. O açúcar aliviava temporariamente os sintomas da abstinência, mas desconfio de que me fazia andar para trás.

Sintomas da abstinência de opioides

As poucas pesquisas sobre a dependência do açúcar indicam efeitos semelhantes aos das drogas opioides. Aí se incluem drogas como ópio, morfina, codeína e as endorfinas (geradas pelo organismo como consequência de exercício físico). A dependência de opioides é bem diferente da dependência de álcool, que obedece a outro mecanismo físico.

A pesquisa sobre a síndrome de abstinência de opioides sugere a ocorrência de alguns ou de todos os sintomas seguintes:

1. Bocejos
2. Suor
3. Lacrimejamento e coriza
4. Pupilas dilatadas
5. Ansiedade

6. Inquietação
7. Insônia
8. Calafrios
9. Taquicardia (batimentos cardíacos acelerados)
10. Hipertensão
11. Náuseas ou vômitos
12. Cólicas abdominais e possível diarreia
13. Dores musculares

Diferentemente da abstinência do álcool, a abstinência de substâncias opioides não representa uma ameaça à vida e pode ser que nem todos os sintomas sejam sentidos. A abstinência de açúcar não causa sofrimento. No meu caso, o principal sintoma foi um desejo intenso de consumir açúcar, com ocasionais – e, em geral, suaves – surtos de outros sintomas (dor de cabeça, por exemplo).

O outro sintoma dessa parte do período de abstinência foi uma constante – mas não severa – dor de cabeça. As consequências do bolo de chocolate (três dias depois de iniciada a abstinência) se estenderam por três dias. Acredito que, não fosse o bolo, aquele período teria sido mais curto. Ao consumir açúcar, reforcei o ciclo que mantinha os circuitos de recompensa do cérebro sob controle da frutose. Ou, mais precisamente, do cortisol gerado pela frutose.

Durante essa parte do período de abstinência (a primeira semana, mais ou menos), eu me senti indisposto. Se eu não tivesse ouvido relatos de experiências semelhantes, pensaria tratar-se apenas de um leve resfriado. Embora eu não lembre, pessoas que conviveram comigo na época afirmam que passei por alterações de humor e demonstrei certa irritabilidade. Quem poderia me criticar? Eu sentia fome e dor de cabeça. Felizmente para mim e para aquele pessoal, a fase foi curta. Uns três dias depois do incidente do bolo, perdi completamente a fome.

Completamente! Nem nas horas nas quais costumava sentir fome ou estava habituado a comer.

Permanecia apenas um forte desejo de comer açúcar. Meus hábitos, havia tanto tempo estabelecidos, não ajudavam. É então que se confirma a utilidade das estratégias de defesa elaboradas na segunda etapa. Evite as situações em que habitualmente consumia açúcar e terá percorrido um longo caminho para derrotar a dependência. A vontade de sentir um gosto doce vai continuar, mas você não vai repetir o meu erro, quando encarei um bolo de chocolate sem uma estratégia de defesa.

Relato sobre a abstinência, colhido no fórum Sweet Poison

Depois do entusiasmo inicial, devo admitir que está sendo um pouco difícil. Comecei há 17 dias. Na primeira semana, senti dores de cabeça, mas a perda de peso me animou. A segunda semana foi parecida, embora com menos dores de cabeça. Nos últimos cinco dias, as dores de cabeça voltaram e estou um pouco desanimada.

Mais tarde...

Perdi dois quilos nas duas primeiras semanas. No mês seguinte, nada. Eu queria emagrecer seis quilos e senti que ia demorar.

Perdi a conta das vezes em que recusei açúcar. Esta semana, fizemos uma apresentação de produtos à base de mel, chocolate e todo tipo de doce. Os lanchinhos oferecidos, sem exceção, continham açúcar. Foi difícil, porque tive de recusar várias vezes.

Fui recompensada com a redução de mais um quilo! Estranho... Um mês com o mesmo peso e, de repente, menos um. Vejo aí um sinal de encorajamento, de que vale a pena esperar.

E mais algum tempo depois...

Olá, pessoal! Quero falar do meu progresso. Perdi quatro quilos em cinco meses. O que mais me surpreende, porém, é como estou "compacta". Não sei bem como dizer, mas não estou apenas mais magra; estou mais firme! Minha filha comentou que talvez a eliminação do açúcar reduza o inchaço e dê esse resultado.

De todo modo, decorrido apenas um mês, eu ficava todo dia frente a frente com deliciosos doces e bolos caseiros e não sentia a menor vontade de comer! Quando as pessoas me perguntavam qual o segredo, eu falava de "Sweet Poison", mas todas pareciam mais interessadas em shakes ou coisa parecida, para perder peso RAPIDAMENTE, enquanto devoravam os doces.

A melhor parte é que não sinto como se me faltasse alguma coisa. Eliminei *o hábito* de comer. É isso que faz a diferença. A vontade de comer doce me fazia "beliscar" constantemente. Eu não sinto necessidade de estar sempre mastigando. Às vezes me surpreendo, ao pensar no pouco que comi durante o dia. Uma vez instalado, esse estilo de vida é muito fácil de manter.

Vicki J

De repente

Em meu livro *Sweet Poison,* falo da abordagem que adotei. Na época, escrevi que o sucesso se baseava em um só estudo de caso: o meu. Hoje, milhares de pessoas eliminaram o hábito de consumir açúcar, e centenas me contaram suas experiências. Esses relatos só reforçaram minha filosofia. Todos que resolveram parar de repente conseguiram eliminar o hábito.

Para usar essa abordagem, você provavelmente vai precisar fazer substituições. O principal recurso da minha estratégia de defesa envolvia, sempre que possível, a substituição de açúcar por adoçante artificial. Eu enchi a geladeira de refrigerantes dietéticos – da marca cujo gosto considerava mais semelhante ao original. Sempre que sentia necessidade de açúcar, atacava a geladeira. Minha decisão não tinha base científica alguma, uma vez que tudo aconteceu bem antes dos estudos sobre a capacidade que tem o açúcar de provocar dependência. E eu não sabia que o aspartame usado na marca de refrigerante pela qual havia optado vicia tanto quanto o açúcar. Sabia apenas que precisava deixar de consumir açúcar, mas estava habituado a bebidas doces, em especial quando fazia compras ou quando queria relaxar em um dia quente.

A troca pelo refrigerante dietético foi parcialmente satisfatória, pois não aliviava os sintomas da abstinência – dor de cabeça, fome –, mas pelo menos eu podia manter o hábito sem ingerir frutose.

O novo hábito durou cerca de duas semanas. Ainda me lembro de quando decidi que não era mais necessário. Estava no supermercado, pronto para ajeitar no carrinho uma embalagem com refrigerantes, e uma ideia surpreendente me ocorreu: eu não gostava do sabor. Sempre havia preferido o refrigerante adoçado com açúcar ao sabor artificial do dietético, que não passava de uma alternativa aceitável. Depois de duas semanas de consumo, tive a certeza de que não gostava do sabor. Eu bebia porque estava gelado, era efervescente e doce – no sentido metálico. Mas não me acrescentava nada. Na verdade, água mineral gasosa parecia mais interessante.

Como eu poderia pensar em, um dia, preferir água a qualquer outra bebida? Foi um choque. Ex-fumantes costumam chamar de "revelação" o momento em que descobrem estar livres da dependência. Acredito que aquele momento no supermercado, quando devolvi os refrigerantes à prateleira e peguei a água mineral, foi uma revelação. Eu não queria açúcar!

Desde a publicação de *Sweet Poison*, centenas de leitores me escreveram contando um momento de revelação bastante parecido. Podem ser três semanas ou três meses, mas, depois de um período de abstinência consciente, você vai perceber de repente que não mais sente atração por açúcar. Vai enfrentar com segurança um prato de chocolates, sem a menor vontade de pegar um. No entanto, cabe uma advertência. Algumas pessoas se disseram frustradas. Depois de passarem pelo período de abstinência, consumiram um pouco de açúcar e descobriram-se de volta ao antigo hábito, loucas por um doce. Elas se submeteram a outro período de abstinência e superaram, mas não recomendariam a experiência.

REGRA NÚMERO 3: UMA VEZ SUCRÓLATRA, SEMPRE SUCRÓLATRA; NEM UM POUQUINHO É PERMITIDO.

Uma vez livre do açúcar, você pode comer o que quiser, desde que não contenha açúcar. O próprio corpo vai moderar o consumo e manter você "na linha". O quinto capítulo traz receitas que substituem açúcar (glicose + frutose) por glicose (dextrose). Mas preste atenção: não prepare essas receitas enquanto ainda estiver consumindo frutose (veja a página 168). A glicose é metabolizada rapidamente, elevando assim os níveis dessa substância no sangue e causando um pico na produção de insulina. Se as artérias estiverem cheias de gordura, os níveis de insulina vão permanecer elevados por um longo período, em uma tentativa de reduzir a glicose no sangue. Infelizmente, a gordura no sangue prejudica o controle da glicose.

Homens são de Marte

Segundo uma pesquisa que mencionei em meu livro *Sweet Poison*, as mulheres pós-menopausa e os homens são os mais afetados pela frutose e levantei a teoria de que talvez as mulheres fossem protegidas, antes da menopausa, pelo estrogênio. Essa ideia teve como base uma linha de pesquisa iniciada em 1966 pelo dr. MacDonald, da Guy's Hospital Medical School, de Londres, Depois de reunir um grupo de homens, mulheres pré-menopausa e mulheres pós-menopausa, o dr. MacDonald serviu a todos soluções à base de glicose ou frutose. Ele notou que, nos homens e nas mulheres pós-menopausa, elevaram-se os níveis de ácidos graxos na corrente sanguínea. Assim, confirmava-se o que estudos com ratos tinham revelado, mais ou menos na mesma época: as mulheres (e as ratas) em período de pré-menopausa estavam, de algum modo, imunes aos mais perigosos efeitos da frutose.

Um estudo recente da Lausanne University School of Biology and Medicine, na Suíça, confirma o trabalho do dr. MacDonald e acrescenta alguns detalhes. Antes da menopausa, as mulheres têm menos ácidos graxos na corrente sanguínea e não desenvolvem resistência à insulina

– diferentemente dos homens da mesma idade. Como se tratava de um grupo restrito, os pesquisadores pediram mais estudos e, em um resultado interessante, as mulheres em período pré-menopausa revelaram-se extremamente eficientes em converter os ácidos graxos criados pela frutose em gordura nas pernas – ou, mais precisamente, nas nádegas. Essa rápida produção de gordura parece conferir proteção contra os mais perigosos aspectos do consumo de frutose: resistência à insulina e adiposidade central (ou, como se diz, gordura abdominal). Alguma coisa na menopausa – acredito que seja a súbita redução do estrogênio – faz com que o corpo feminino comece a agir como o corpo masculino, em relação à frutose: deixa de armazenar gordura nas pernas, passa a armazenar gordura na barriga, desenvolve resistência à insulina e cria obstruções nas artérias. Um estudo com homens transexuais que fizeram terapia hormonal com estrogênio, para desenvolver características femininas, chegou a um resultado interessante: a gordura migrou do tronco para os quadris e nádegas. Em se tratando de moda, esse não é o resultado mais desejável, mas é muito melhor do que ter a gordura acumulada nas artérias ou na cintura.

TPM e menopausa

Em conversa com minhas pacientes, descobri que algumas – inclusive eu – tiveram os sintomas bastante reduzidos depois que a frutose foi retirada da alimentação.

Lani (naturopata)

Há seis meses que consumo pouquíssima frutose e há pelo menos três não sinto as intermitentes ondas de calor que tanto me incomodavam – de uma por dia a quatro em uma hora, conforme a ocasião, durante três anos. Pela primeira vez passei meses sem sentir nem sinal de onda de calor. Se é para sempre não sei, mas para mim, é uma espécie de milagre.

Vicki J

Açúcar e hormônios

Numerosos relatos ainda não comprovados cientificamente sugerem que é melhor as mulheres evitarem o açúcar durante a menopausa. Segundo vários sites, o baixo consumo de açúcar reduz a incidência de ondas de calor e outros sintomas. Até agora, no entanto, não consegui encontrar uma fonte científica confiável para fundamentar essa ideia. Os pesquisadores do sexo masculino parecem estranhamente desinteressados em estudar a fundo as associações entre menopausa e frutose. Somente a pesquisa mencionada nas páginas 79 e 80 sugerem algum tipo de ligação entre o metabolismo da frutose e os hormônios pré-menopausa.

Outra dificuldade enfrentada por várias mulheres é a síndrome do ovário policístico, às vezes chamada de síndrome da anovulação hiperandrogênica ou síndrome de Stein Leventhal. Trata-se de uma disfunção hormonal primeiramente descrita pelos médicos na década de 30. Pouco se sabe sobre essa desordem, a não ser que parece estar relacionada à resistência à insulina (80% das portadoras são resistentes à insulina) e à produção de estrogênio. Na Austrália, por exemplo, afeta uma em cada dez mulheres em idade fértil e pode prejudicar intensamente a capacidade de engravidar. A síndrome parece conferir ao organismo feminino uma orientação hormonal mais masculina, pois as portadoras costumam desenvolver pelos no rosto e gordura na região abdominal – e não nas nádegas e coxas. Assim, além do ganho de peso e da hipertensão, a síndrome representa um forte fator de risco para diabetes gestacional, em caso de gravidez.

Diabetes gestacional não é nada bom para o bebê em formação. Tal como acontece em outros tipos de diabetes, o pâncreas perde a capacidade de produzir insulina suficiente para "limpar" o sangue. Quando o pâncreas da mãe não funciona bem, o pâncreas do bebê assume a função de produtor de insulina de reserva. Esse pâncreas novinho em folha consegue bombear insulina por longos períodos, e essa produção extra converte os excessos na alimentação da mãe em gordura corporal no bebê. É por isso que os bebês de mães diabéticas frequentemente nascem com tamanho e peso acima da média. O mais grave é que o pâncreas desses bebês já vem "usado" e, assim, mais suscetível ao diabetes.

O conhecimento sobre síndrome do ovário policístico e diabetes gestacional é bastante escasso. Nessas áreas, sabe-se muito menos do que se deveria saber. No entanto, não posso deixar de estabelecer algumas conexões: a relação entre estrogênio e hormônios masculinos (como a testosterona) em um corpo feminino inclui uma série de interações muito bem equilibradas; a presença do estrogênio - ou a ausência de testosterona - cumpre um papel importante nos danos causados pela frutose. As mulheres em idade fértil (pós-puberdade e pré-menopausa) parecem estar quase imunes aos mais prejudiciais aspectos do consumo de frutose - exceto pela dificuldade em encontrar roupa que sirva; mulheres que consomem frutose (e, como resultado, desenvolvem resistência à insulina) são propensas a outras desordens hormonais, além da síndrome do ovário policístico. Não se sabe como - ou se - o metabolismo da frutose afeta a regulação de estrogênio e androgênio. Pelo que sei, porém, acho que é uma boa aposta. Mal começamos a descobrir como os hormônios interagem. A introdução na dieta, em grandes quantidades, de alguma coisa que interfere tão fortemente nessas interações me parece um desastre anunciado. A gravidez representa parte importante da vida da mulher. Assim, a eliminação do açúcar é uma estratégia válida para proteção das que estão grávidas ou pretendem ficar.

A mamãe em potencial deve saber:

1. A frutose provavelmente está ligada à síndrome do ovário policístico. Isso significa que pode afetar a sua capacidade de engravidar.
2. A frutose provavelmente está ligada ao diabetes gestacional. Isso significa que pode afetar a sua capacidade de ter uma gravidez saudável e um bebê saudável.

3. A frutose definitivamente afeta o metabolismo do cobre. Isso pode influir na produção de colágeno e elastina, prejudicando os músculos e órgãos do bebê em formação. Como resultado, podem surgir anormalidades no esqueleto e nas articulações, bem como lesões vasculares capazes de levar a aneurismas e rupturas.
4. A frutose definitivamente afeta o metabolismo do iodo, reduzindo o QI do bebê.

A retirada lenta da substância que provoca dependência seria uma opção?

Outra conclusão para a qual não encontro base científica é que mulheres têm muito mais dificuldade do que os homens, quando se trata de eliminar a frutose da alimentação. Os homens parecem capazes de interromper o consumo abruptamente e, depois de uma ou duas semanas difíceis, superam. Algumas mulheres relatam a mesma experiência, mas são minoria. A maioria passa meses sentindo falta do açúcar, até sentir-se livre. Além disso, elas observam que a vontade de comer açúcar se intensifica durante o período menstrual, criando uma dificuldade a mais. Leitoras de "Sweet Poison" dizem ter enfrentado um período de abstinência mais longo e mais difícil do que relato no livro e do que descrevem os homens com quem convivem. Elas acabam alcançando o ponto da revelação – quando perdem todo o interesse pelo açúcar –, mas isso pode levar até três meses. Muitas mulheres contam ter achado mais fácil reduzir aos poucos a ingestão de açúcar, pois o desejo também se reduzia aos poucos. Se você preferir assim, faça. Eu não consegui, por isso incluí a Regra 3. Com base em todas essas situações, tenho a impressão de que a redução gradual do consumo de açúcar pode resultar em um período de abstinência muito mais longo, mas também funciona.

Meu programa de redução de frutose está avançando. Sinto-me bem, já perdi oito quilos. Tudo certo.

Alguns caras do escritório – inclusive um que já tentou de tudo, sem resultado – estão no mesmo esquema. Pode parecer estranho, mas acho as mulheres mais resistentes ao conceito. Talvez elas gostem mais de doce e considerem a tarefa ousada demais.

Algumas colegas perguntam: "Mas frutose não é açúcar da fruta? Como pode fazer mal?" Criei recentemente uma nova abordagem, quando converso com mulheres sobre o assunto. Digo que sou "intolerante à frutose". Como a intolerância à lactose é aceita, a minha explicação fica mais aceitável, embora elas sempre peçam mais explicações.

Digo que só posso ingerir a frutose da fruta inteira, senão durmo mal, sinto cansaço, muita fome e sensação de empanzinamento, fico com pressão alta e engordo. (Ou seja, a lista de consequências negativas da frutose.) Parece dar certo, e algumas comentam: "Acho que também tenho isso..."

Tudo indica que funciona.

Paul

Não encontro nas pesquisas nada que indique por que as mulheres preferem parar aos poucos, e os homens preferem parar de repente. As histórias que ouço deles, porém, confirmam isso. Talvez tenha relação com o estrogênio, em especial pela observação de que a vontade de comer doce aumenta durante a menstruação. Ou pode ser coincidência. Veja o que funciona melhor para você. Eu não conseguiria administrar uma retirada gradual; a tentação seria grande demais. Sou do tipo que pula de uma vez só na piscina de água fria; Lizzie, minha mulher, prefere entrar devagarzinho. Acho o método dela horrível, e ela com certeza pensa o mesmo do meu. O importante é que ambos entramos na piscina.

Cuidado com a retirada lenta

Cabe apenas uma advertência, para o caso de você se decidir pela retirada lenta: não se engane. Cuide de reduzir consistentemente a ingestão de açúcar. Não aceite "só unzinho" ou vai andar para trás. Uma ótima ideia é manter um diário. Antes de começar, anote quanto de açúcar consome e em que situações e estabeleça uma meta semanal de redução em ambos os aspectos.

Por exemplo: se você tem o hábito de tomar quatro xícaras de café por dia, com duas colheres de chá de açúcar em cada uma, reduza para duas xícaras na primeira semana e, nas semanas seguintes, para uma colher de chá de açúcar. Antes que se dê conta, você estará tomando café sem açúcar tranquilamente. Ou, se gosta de cereal com passas no café da manhã, experimente comprar cereal simples e as passas à parte. Reduza aos poucos a quantidade de passas, até chegar a zero. Escolha um cereal com baixo teor de açúcar e logo chegará a um desjejum sem açúcar e sem retiradas súbitas.

Quinto passo – Renovação do estoque

Uma vez iniciada a abstinência de açúcar, você vai precisar reabastecer a sua despensa, então vazia. Esta etapa serve de guia pelo campo minado de açúcar dos modernos supermercados.

É possível que o terceiro passo tenha deixado a despensa e a geladeira praticamente vazias. Você provavelmente olha as prateleiras, pensando: "Brilhante! Gillespie inventou a dieta sem comida. Não admira que ele perdesse peso!" Não se preocupe, porém. Existe uma surpreendente variedade de ótimos alimentos disponíveis, com pouco ou nenhum açúcar. Mesmo nas categorias que aconselhei a descartar, há marcas pobres em açúcar; o segredo é saber escolher.

A teoria da gordura

Antes de seguirmos adiante, eu gostaria de levantar o incômodo assunto da gordura. Não a sua nem a minha, mas a gordura da alimentação. Em "Sweet Poison", abordei a teoria "gordura engorda", que se tornou o mantra dos nutricionistas. Essa teoria resulta de uma dedução interessante (mas falsa), fruto de uma observação igualmente interessante. O dr. Ancel Keys – criador da "ração K", usada por soldados em combate – estudou os hábitos alimentares de 22 países, nos 10 anos seguintes à Segunda Guerra Mundial. Na época, as doenças cardíacas alcançavam proporções epidêmicas nos Estados Unidos: de cada três mortes, quase duas podiam ser atribuídas a problemas do coração.

O dr. Keys tentava descobrir se algum componente da dieta dos norte-americanos podia ser responsável pelo fato de as doenças cardíacas estarem cada vez mais fora de controle. Por motivos nunca esclarecidos, o dr. Keys se concentrou em sete países. Para cada um, ele comparou a quantidade de gordura na alimentação à incidência de mortes por doença cardíaca. Os sete países escolhidos encaixavam-se muito bem em uma linha que, segundo o dr. Keys, indicava a correlação entre gordura na alimentação e doença cardíaca. O Japão, com uma dieta pobre em gordura, apresentava índice baixíssimo de doença cardíaca; os Estados Unidos, com uma dieta riquíssima em gordura, apresentava índice muito elevado de doença cardíaca. A argumentação foi integralmente aceita pelos nutricionistas e pelos governos para os quais eles trabalhavam. Afinal, é possível intuir que a gordura ingerida se deposite nas artérias e não é preciso raciocinar muito para concluir que a gordura encontra o caminho da cintura (embora, na verdade, o dr. Keys jamais tenha afirmado isso).

A teoria da gordura tem problemas desde o início. Quando se acrescentam os outros 15 países ao gráfico do dr. Keys, os resultados se diversificam. Alguns países – a Grécia, por exemplo – adotam uma dieta rica em gordura, mas apresentam baixo índice de doença cardíaca. Outros – como a Finlândia – consomem pouca gordura na alimentação, mas têm elevada incidência de doença cardíaca. Com isso, as conclusões do estudo do dr. Keys se dissolvem na poeira das estatísticas. Durante a década de 60, ele modificou sua teoria, para acomodar essas observações, dizendo que se referia à gordura saturada (sobretudo animal); gordura não saturada (sobretudo vegetal) não contava. Segundo observou, na Grécia a gordura vem das oliveiras, mas na Finlândia vem de animais, inclusive peixes. Isso explicaria as divergências do gráfico. Assim, o dr. Keys e sua mulher decidiram criar uma dieta baseada no que comem os habitantes do Mar Mediterrâneo, onde parece haver baixa incidência de doenças cardíacas. A "dieta do Mediterrâneo" sobrevive até hoje.

Um problema fundamental da teoria da gordura é que os resultados não podem ser replicados. Segundo a teoria, se a pessoa adota uma dieta rica em gordura, engorda. Isso era fácil de verificar, desde que a gordura fosse associada ao açúcar (pense nos "doughnuts"). No entanto, os ratos alimentados com gordura sem açúcar não engordaram. Embora não seja possível fazer esse tipo de experiência com seres humanos em laboratório, algumas populações nativas se saem bem com dietas extremamente ricas em gordura. O povo masai, do Quênia, aparentemente compartilha da opinião dos meus filhos, no que toca a vegetais, pois consome apenas carne de gado e bebe somente leite – ou sangue, em ocasiões especiais. Os inuits norte-americanos (ou esquimós, para os menos politicamente corretos) sobrevivem com uma alimentação que consiste quase unicamente em óleo de baleia.

Um ponto importante é que a gordura engorda se a dieta incluir também frutose. Com o sistema de controle do apetite enguiçado na posição "coma quanto quiser", a ingestão de gorduras – que contêm aproximadamente o dobro de calorias dos carboidratos ou das proteínas – é o meio mais eficiente de acumular quilos. No entanto, uma vez eliminada a frutose e superado o período de abstinência, não há necessidade de preocupação com o teor de gordura dos alimentos. Na verdade, é melhor consumir os produtos no estado original do que suas versões pobres em gorduras.

Alimentos com baixo teor de gordura

Os alimentos com gordura reduzida são desenvolvidos para ter sabor muito semelhante ao das versões integrais. O meio mais comum de alcançar esse resultado é aumentar o teor de açúcar e, então, o teor de sal, para compensar o sabor adocicado. Com a falta da gordura, o gosto não fica exatamente igual, mas é bem parecido. Quem quiser deixar de ser sucrólatra deve excluir da lista de compras os alimentos com redução de gordura, para não comprar algum produto com adição de açúcar. Mas existe uma razão ainda mais séria para evitar alimentos "magros".

Colesterol

Diferentemente da crença popular, só há um tipo de colesterol. Não existe colesterol bom, mau, bonito nem feio. É só colesterol. O colesterol é gordura – não solúvel em água, portanto. Uma vez que o sangue é uma solução à base de água, o departamento de logística enfrenta problemas. O colesterol precisa ser transportado do fígado (onde é produzido) até os locais onde é necessário; responsável pela formação de membranas celulares, ele é necessário praticamente no corpo inteiro. Então, o organismo une o colesterol a algumas proteínas (as lipoproteínas), em um grupo de moléculas prontas para viagem.

Colesterol HDL e colesterol LDL

As lipoproteínas são o sistema de transporte para o colesterol e outras gorduras. Quando na corrente sanguínea – a estrada – são chamadas de colesterol HDL (o bom) ou colesterol LDL (o mau). A qualidade do colesterol – bom ou mau – depende apenas do tamanho do transporte. A carga (colesterol) transportada em caminhões pequenos (HDL) não é má, mas a carga transportada em caminhões grandes (LDL) é.

Existem cinco grandes grupos de lipoproteínas, mas quero me concentrar naquele que os médicos às vezes chamam de "mau" colesterol. As lipoproteínas são agrupadas por tamanho. As lipoproteínas de baixa densidade – low density lipoprotein (LDL) – são agrupadas frouxamente (daí o termo "baixa densidade") e, como resultado, ficam maiores. As partículas LDL levam até as células o colesterol fabricado no fígado. Quando o médico diz que o seu colesterol está alto, refere-se ao LDL acima do desejável: de 100 a 129 mg/dL. Caso o nível esteja muito elevado, é provável que ele prescreva uma das drogas redutoras – as chamadas estatinas.

As partículas de LDL, embora relativamente grandes, podem variar de tamanho e servem para classificar as pessoas em dois grupos principais. Aquelas que apresentam predominantemente partículas de LDL em tamanho grande são classificadas como "padrão A"; as outras são "padrão B". A razão disso é, basicamente, genética. Se pai e mãe forem padrão A, o filho será provavelmente padrão A, e assim por diante. Essa classificação é importante porque nos indivíduos padrão A, por exemplo, níveis altos de LDL não indicam fator de risco de doença cardíaca; um indivíduo padrão B, com o mesmo resultado, estaria em situação de considerável risco. O tamanho reduzido das partículas LDL neste segundo grupo significa que elas aderem mais facilmente às paredes dos vasos sanguíneos, levando ao desenvolvimento de obstruções. Infelizmente exames de sangue não revelam esse padrão.

Em junho de 2000, o dr. Krauss e sua equipe do Lawrence Berkeley National Laboratory, pertencente ao Department of Molecular Medicine da University of California, publicou resultados muito interessantes encontrados em experimentos com dietas de eliminação da gordura. Descobriu-se que indivíduos de padrão A submetidos a dietas extremamente restritivas, nas quais apenas 25% das calorias ingeridas vêm das gorduras – a dieta de Pritikin, por exemplo, recomenda 10-15% de gordura – mudam para padrão B. Conclusão: certas pessoas, submetidas a dietas com restrição de gordura, têm aumentado o risco de doença cardíaca. Isso acontece porque a mudança na alimentação faz com que mudem do padrão A (partículas grandes de colesterol LDL) para padrão B (partículas pequenas de colesterol LDL).

Pelo que sei, o dr. Krauss se preocupou somente com a ingestão de gordura. Acontece que, nesse tipo de dieta, as pessoas costumam aumentar o consumo de carboidratos. Portanto, talvez o resultado negativo da dieta com restrição de gorduras, analisada pelo dr. Krauss, se deva realmente ao aumento de carboidratos – e, portanto, da frutose, na sociedade moderna. Um estudo mais recente, envolvendo 74 estudantes de uma escola de ensino fundamental na Suíça, revelou que, quanto mais a criança ingere frutose, menores ficam as partículas de colesterol LDL. Em outras palavras: a criança que consome frutose em grande quantidade provavelmente apresenta partículas pequenas (padrão B).

Tudo isso acarreta um problema sério. Conforme já mencionei, a maior parte dos produtos "magros" à venda no supermercado são mais ricos em frutose do que os equivalentes "normais". Assim, não importa se as partículas de LDL encolhem por causa da baixa gordura ou da alta frutose; alimentos pobres em gordura e ricos em frutose não são uma boa ideia. Infelizmente, não existem exames fáceis e baratos para avaliar o tamanho das partículas de colesterol LDL. No entanto, se o estudo suíço estiver certo, talvez essa informação não seja necessária. Se é a quantidade de frutose presente na dieta a principal responsável pelo tamanho daquelas partículas, basta sabermos que a eliminação da frutose reduz significativamente o risco de doença cardíaca.

Muitos leitores de "Sweet Poison" postaram no fórum os resultados de seus exames de sangue. Aqui estão algumas dessas postagens:

Meu parceiro mudou a dieta. Trocou o açúcar pela dextrose (seis colheres de chá por dia, no café) e deixou de comer bolo de frutas. Seu colesterol caiu de 123 mg/dL para 104 mg/dL, e os triglicerídeos, de 115 mg/dL para 53 mg/dL – os índices mais baixos em três anos. Ele tem 1,80 metro de altura e pesa 72 quilos. Agora, tem comido mais, apenas para manter o peso, que acho ótimo para um homem de 49 anos de idade. Meus triglicerídeos também caíram, de 106 mg/dL para 80 mg/dL. Estou surpresa!

Koboli

Veja meus resultados. Há seis meses eliminei o açúcar e venho comendo mais queijo, pastinhas, empadas e batatas chips. Antes, não consumia frituras nem alimentos gordurosos, mas sempre exagerei no açúcar.

Colesterol caiu de 266 mg/dL para 232 mg/dL. (nível recomendável inferior a 212 mg/dL)

Triglicerídeos caíram de 203 mg/dL para 115 mg/dL. (nível recomendável inferior a 177 mg/dL)

Colesterol HDL ("bom") subiu de 50 mg/dL para 58 mg/dL. (nível recomendável superior a 42 mg/dL)

Colesterol LDL ("mau") caiu de 178 mg/dL para 151 mg/dL. (nível recomendável inferior 97 mg/dL)

Risco coronário caiu de 5,3 para 4,0. (recomendável inferior a 4)

Vicki J

Fiquei impressionado com os resultados depois de apenas um mês sem consumo de frutose. Os triglicerídeos caíram pela metade, em relação a um exame feito há um ano, de 230 mg/dL para 115 mg/dL (nível recomendável inferior a 133 mg/dL). Meu colesterol HDL subiu um pouco, de 29 mg/dL para 39 mg/dL – quase o nível recomendável. A relação triglicerídeos/HDL, supostamente o mais forte indicador de enfarte, caiu de 3,5 para 1,3 (nível recomendável inferior a 2). Meu colesterol LDL permaneceu o mesmo, e o colesterol total subiu um pouquinho, mas ambos os índices se mantêm dentro do recomendável.

Mikedufty

Se o seu controle de apetite estiver funcionando, a gordura não é ruim. Como regra geral, evite alimentos que tiveram reduzido o teor de gordura.

REGRA NÚMERO 4: A SUA ÚNICA PREOCUPAÇÃO QUANTO À GORDURA DEVE SER EVITAR ALIMENTOS "EMAGRECIDOS".

Fomos convencidos a acreditar que gordura é necessariamente ruim, mas não é bem assim. Em especial para quem não consome frutose.

No supermercado

Os supermercados são dispostos como os cassinos de Las Vegas. Se você já esteve em Las Vegas, sabe que os cassinos foram projetados para proporcionar o máximo de oportunidades de jogo. Quando o hóspede chega ao hotel, o que mais quer depois de fazer o check-in é ir para o quarto, tomar uma xícara de chá e descansar da viagem. No entanto, para alcançar os elevadores é obrigado a atravessar o salão de jogos. Se decidir deixar o quarto e fazer uma refeição no restaurante, mais uma vez o único percurso possível é pelo salão de jogos. Os supermercados operam sob o mesmo princípio. Para ir da porta de entrada aos produtos mais necessários, o cliente tem de atravessar corredores repletos de delícias açucaradas. Organizei um esquema da disposição dos alimentos no supermercado perto da minha casa. No seu, provavelmente há uma arrumação semelhante.

Uma olhada no esquema mostra que restringir as compras a determinado perímetro não é má ideia para quem quer deixar de ser sucrólatra. Eliminado o açúcar da alimentação, corredores inteiros são excluídos do seu campo de interesse. O período de compras fica bem mais curto quando é possível evitar metade do supermercado.

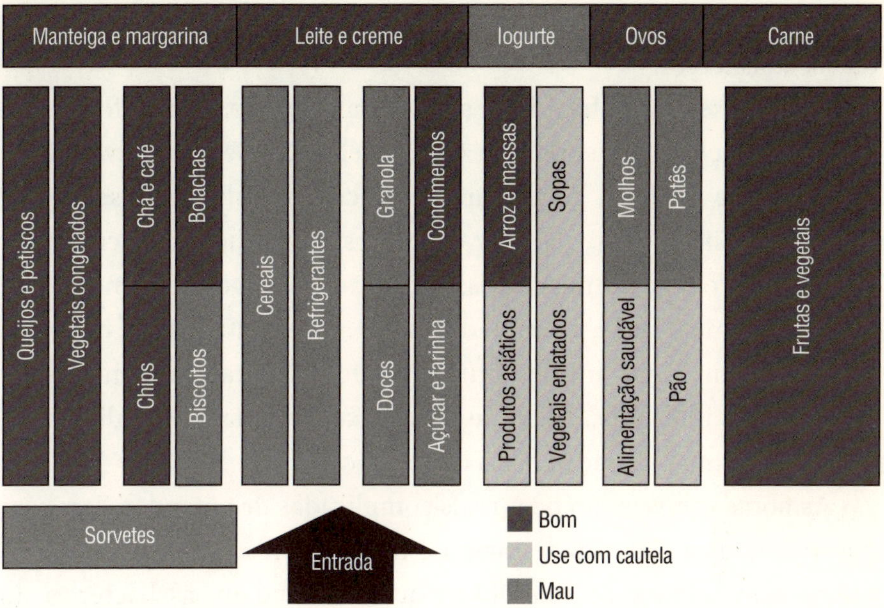

Figura 2.4: Disposição típica de supermercados, setorizada para sucrólatras em recuperação.

O que comprar

Frutas

Frutas inteiras (e muitos vegetais) contêm frutose - em alguns casos, em grande quantidade. Ainda assim, classifiquei a seção de frutas como segura para os sucrólatras por duas razões.

Fibras

Em primeiro lugar, a maior parte das frutas possui uma boa quantidade de fibras - um tipo de carboidrato presente em determinados alimentos. Um tipo muito comum de fibra é a celulose, que forma as paredes das células das plantas. São as partes duras e fibrosas que dão estrutura às plantas. As vacas têm um segundo estômago onde estão presentes bactérias capazes de digerir as fibras. Infelizmente, nosso estômago extra não saiu da prancheta de desenho; daí nossa capacidade limitada de digeri-las. Existem dois tipos de fibras: solúveis (desmancham na água) ou insolúveis, que coexistem na maior parte dos alimentos. As solúveis respondem por um terço do total, e as insolúveis pelos outros dois terços.

Quando se mergulha a fibra solúvel na água, ela se transforma em uma massa gelatinosa, enquanto a insolúvel permanece imutável, como uma lasca de madeira. A madeira pertence, em linhas gerais, ao grupo de fibras insolúveis, que atravessam o sistema digestivo sem sofrer alterações. Você já confirmou isso, caso tenha engolido sementes de melancia e, mais tarde, examinado... bem... os resultados. As fibras insolúveis agem como um desentupidor que assegura a movimentação ao longo dos intestinos. Além disso, acrescentam massa aos alimentos, provocando uma sensação física de satisfação.

As fibras solúveis são bem mais complicadas de entender. Também não trazemos a capacidade inata de digerir fibras solúveis, mas contamos com bilhões de sujeitinhos que nos ajudam: as bactérias do intestino grosso, que decompõem as fibras solúveis, transformando-as em energia, gordura e dejetos. Assim, uma ampla proporção de fibras solúveis, transformada em gordura, acaba na corrente sanguínea. Atualmente, os fabricantes vêm aumentando o conteúdo de fibras dos alimentos. Para isso, acrescentam fibras solúveis tais como inulina, dextrina de trigo e polidextrose (veja o quadro da página 162-163). A palavra "fibra", encontrada no rótulo, parece uma coisa boa. Neste caso, porém, é outro nome para a gordura.

No entanto, nem todas as fibras solúveis são iguais. As bactérias produzem, a partir de fibras solúveis, três gorduras principais – butirato, propionato e acetato – em diferentes quantidades. A maior parte de frutas e vegetais produz essas gorduras na seguinte proporção: 20% de butirato, 20% de propionato e 60% de acetato. Pela ótica das bactérias, o único ponto importante é produzir grandes quantidades de butirato, que é usado para energia; propionato e acetato não passam de subprodutos que entram na corrente sanguínea e são usados quase imediatamente pelo fígado. É então que a história se complica.

Há décadas os pesquisadores afirmam que uma dieta rica em fibras melhora os índices de glicose no sangue e favorece o controle da insulina. Todos os tipos de teoria foram apresentados, mas a razão disso não está nem um pouco clara. A frutose estimula a produção de gordura pelo fígado, aumenta a fome e enfraquece o controle do apetite. As fibras parecem fazer exatamente o contrário, reduzindo os danos causados pelo consumo de frutose – não se sabe exatamente como. Tudo isso nos leva à conclusão de que desenvolvemos a capacidade de comer pequenas quantidades de frutose, desde que acompanhada originalmente de fibras, como acontece em um pedaço de fruta (com casca). A fibra solúvel adicionada não produz o mesmo efeito.

Concentrado de frutose

Outra característica das frutas que as torna seguras para os sucrólatras é o fato de conterem muita água, o que lhes dá peso. Com isso, consumimos menos frutose. Seriam necessárias quatro ou cinco maçãs grandes para produzir o suco que cabe em um copo de 250 mililitros de suco. Uma criança bebe facilmente essa quantidade de suco para acompanhar uma refeição completa. Mas dê a ela quatro maçãs grandes, e veja se consegue comer mais alguma coisa. As frutas e o suco contêm a mesma quantidade de frutose, mas as primeiras são uma refeição, e o segundo, um simples aditivo. Suco de frutas é puro açúcar com água e um pouco de vitamina C. A fruta, porém, contém a fibra que serve de antídoto para o veneno contido na frutose.

O mesmo se aplica às frutas secas – ou suco de frutas congelado, como prefiro chamar. A preparação da fruta seca tem o mesmo efeito da extração do suco: elimina-se a polpa e concentra-se o açúcar. No caso da fruta seca, a fibra ainda está presente, mas a falta de polpa permite a ingestão de quantidades significativamente maiores, em comparação à fruta inteira. O conteúdo de uma caixa com 40 gramas de passas talvez caiba na sua mão. No entanto, contém o açúcar de 130 uvas, aproximadamente (cerca de 1 quilo) e não deve ser comido de uma só vez.

Quantas frutas?

A capacidade que tem a fibra da fruta de manter a frutose sob controle só atua em pequenas quantidades – um ou dois pedaços. Não serve, portanto, como desculpa para o consumo em larga escala. Algumas das pesquisas mais recentes sugerem que o alimento ingerido com a fibra interfere no resultado. As fibras solúveis dos grãos integrais atravessam o amido, facilitando a digestão, mas o efeito é muito menos importante quando a fibra faz parte de uma fruta. Se é aumentada a proporção de frutas na alimentação, eliminam-se outras fontes mais amiláceas de carboidrato, reduzindo o efeito benéfico total da fibra.

Que fruta?

Uma fruta não é igual a outra. Para um sucrólatra em recuperação, as mais adequadas são as ricas em fibras e pobres em frutose. No entanto, em algumas das mais populares encontramos exatamente o oposto.

A figura 2.5, na página 97, mostra uma seleção de frutas que você provavelmente encontrará no supermercado, classificadas conforme o conteúdo de fibras e de frutose. Quanto mais para o alto e à esquerda estiver o nome da fruta (muita frutose, pouca fibra), menos desejável. Dê preferência às que estiverem mais embaixo e à direita (menos frutose, mais fibra).

A melhor maneira de utilizar o gráfico é observar as posições relativas de cada fruta, sem preocupação com os valores exatos, uma vez que a quantidade de frutose varia de espécie para espécie. Alguns tipos de maçã, por exemplo, são mais doces do que outros. O sabor adocicado depende em grande parte da frutose. Assim, conclui-se que, quanto mais doce, mais alto o teor de frutose. O grau de amadurecimento, que vai convertendo a glicose em frutose, também conta. Por isso as bananas maduras são mais doces do que as verdes. No gráfico, usei quantidades médias, para dar uma ideia da posição relativa das frutas.

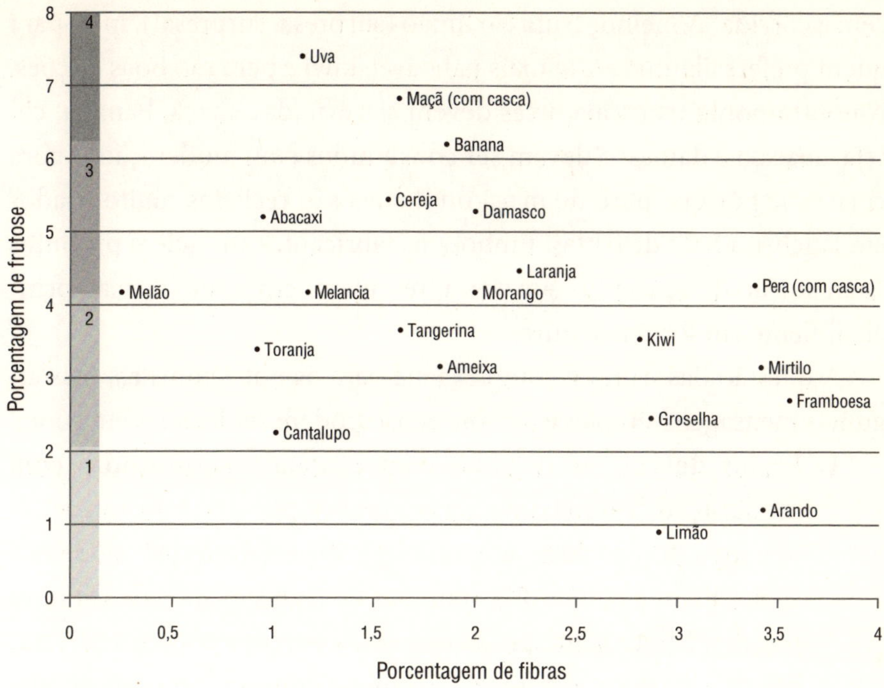

Figura 2.5: Conteúdo de fibra e frutose em algumas frutas

Os valores da frutose na tabela foram calculados pela adição de metade do valor da sacarose ao valor da frutose total utilizando bases de dados-padrão do conteúdo de açúcar na fruta. Assim, o cálculo é mais preciso. Uma banana pequena com casca, uma banana grande sem casca ou uma maçã média com casca pesam cerca de 100 gramas cada. Por isso adotei 100 gramas como peso-padrão para elaborar o gráfico. A barra sombreada da esquerda mostra quantas colheres de chá de açúcar refinado seriam necessárias para igualar a quantidade de frutose encontrada em 100 gramas de uma porção de fruta. Com um simples olhar, é possível perceber que 100 gramas de melancia contêm o equivalente a duas colheres de chá de açúcar, e uma banana, três colheres de chá.

O conteúdo de fibras varia significativamente entre as frutas. Assim, embora uma pera contenha quase a mesma quantidade de frutose de uma laranja, é uma escolha melhor, porque contém quase o dobro de fibras. As frutas de baga – mirtilo, framboesa, groselha, arando – vencem a corrida. A melhor fruta é o limão (surpresa, surpresa!), mas, para quem prefere alguma coisa mais palatável, kiwi e pera são boas opções. Na outra ponta da escala, uvas devem ser evitadas, maçã, banana, cereja, abacaxi e damasco devem ser consumidos com moderação. Agora você sabe por que purê de maçã ou de uva são recheios muito usados em lanches à base de frutas. Embora os fabricantes anunciem produtos "sem adição de açúcar", o que eles apresentam tem muito açúcar, principalmente em forma de purê.

A questão das frutas é complexa até para os nutricionistas, mas algumas mensagens simples e de bom senso podem ser levadas em conta.

1. **Frutas devem ser tratadas com cautela e consumidas com moderação** (no máximo duas porções por dia para um adulto e uma porção para uma criança). Especialistas em saúde nos aconselham a comer duas porções de frutas e cinco de legumes por dia. Muita gente pensa que essas porções podem ser tratadas com base na estratégia "misture e combine", ou seja, a falta de legumes pode ser compensada por algumas frutas extras. No entanto, a ciência sugere que duas porções de frutas devem ser o consumo máximo. Além disso, sucos e frutas secas não devem ser classificados como frutas.
3. **"Alimentos" como frutas secas e sucos de frutas, que nos levam a consumir grandes quantidades de frutose, devem ser completamente evitados.**
4. **Prefira frutas com baixo teor de frutose e alto teor de fibras.** Por exemplo: entre uma fatia de melancia e uma laranja, fique com a laranja. Ou, melhor ainda, escolha uma pera, um morango ou uma tangerina, que têm mais fibras.

Vegetais

Não existe legume ruim. Todo legume contém certo nível de frutose, mas sempre insignificante e plenamente superado pelo teor de fibras. A figura 2.6 mostra uma seleção de vegetais que você provavelmente encontra no supermercado, classificados conforme o conteúdo de frutose e de fibras. Repare que as escalas não são as mesmas do gráfico de frutas. O vegetal com mais alto teor de frutose (beterraba) estaria na posição do kiwi, uma das frutas com mais baixo teor de frutose na figura 2.5.

Mais uma vez, a barra sombreada da esquerda mostra quantas colheres de chá de açúcar seriam necessárias para igualar a quantidade de frutose encontrada em uma porção de 100 gramas de cada vegetal. Cada porção de 100 gramas corresponde aproximadamente a um tomate pequeno, uma cebola média ou dez cogumelos. Está bem, eu sei que é fungi...

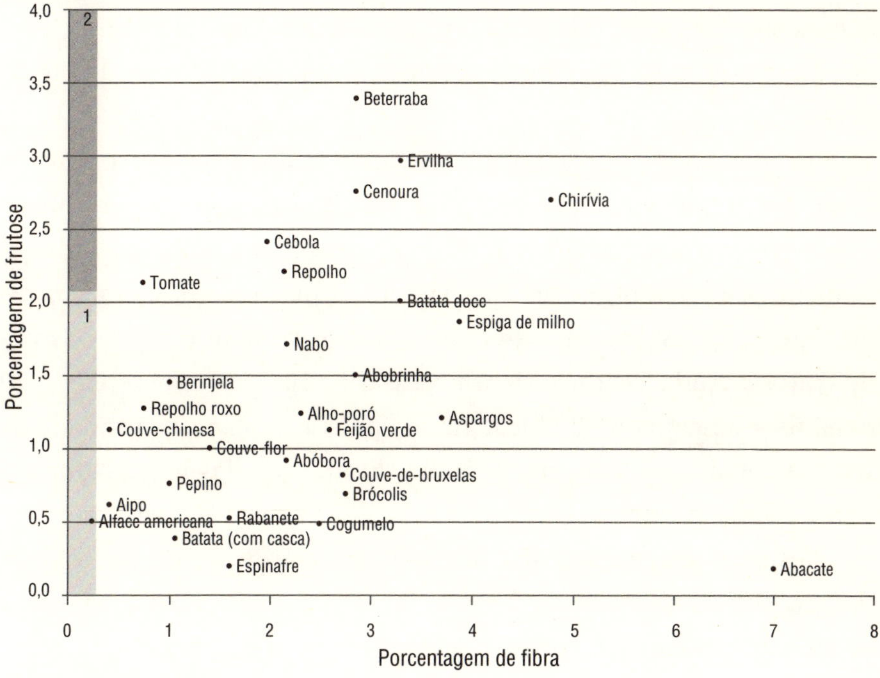

Figura 2.6: Conteúdo de fibra e frutose de vegetais populares

O abacate é o primeiro colocado: praticamente isento de frutose e muito rico em fibras. E, embora nenhum vegetal possa ser considerado ruim, sempre que houver possibilidade de escolher, é mais prudente ficar com brócolis, abóbora, couve-de-bruxelas ou feijão, em vez de cenoura ou ervilha.

O mesmo conselho se aplica aos sucos. Extrair o suco de um vegetal não é melhor do que extrair o suco de uma fruta, pois o açúcar fica concentrado. Embora um suco de cenoura tenha apenas a metade do açúcar contido em um suco de maçã, ainda se encontra em um copo de 250 mililitros o equivalente a duas e meia colheres de chá.

Ao fazer compras, encha o carrinho com o máximo possível de vegetais. Você não vai conseguir comê-los a ponto de passar mal.

Nozes

Vale a pena verificar o conteúdo de açúcar das nozes, quando encontrá-las no supermercado. Tal como acontece com os vegetais, não existe noz ruim. Algumas têm mais frutose do que outras, mas mesmo a pior delas (por esse aspecto) carrega grande quantidade de fibras.

Em matéria de fibra, o abacate é, disparado, a melhor opção de fruta. No entanto, nada se compara à melhor das nozes – a linhaça – que contém aproximadamente quatro vezes mais fibras. Linhaça, sementes de girassol, nozes e avelãs são ótimas escolhas, em termos de frutose. Castanhas-de-caju e macadâmias contêm um pouco mais de frutose; ainda assim, seriam necessárias 100 gramas (cerca de 70 castanhas-de-caju ou 50 macadâmias) para alcançar a quantidade de frutose encontrada em uma cenoura. E, no caso das macadâmias, o teor de fibras é o dobro.

Mesmo o amendoim, tão utilizado na confecção de doces, tem poucos pontos na escala da frutose. Em comparação a um kiwi, tem a mesma quantidade de frutose e sete vezes o teor de fibras.

Mesmo as nozes com teor de frutose relativamente elevado (amêndoas e castanhas) ganham do kiwi por três a um, em matéria de fibras. Nozes nunca são ruins, mas as melhores escolhas são aquelas situadas abaixo e à direita da castanha no gráfico.

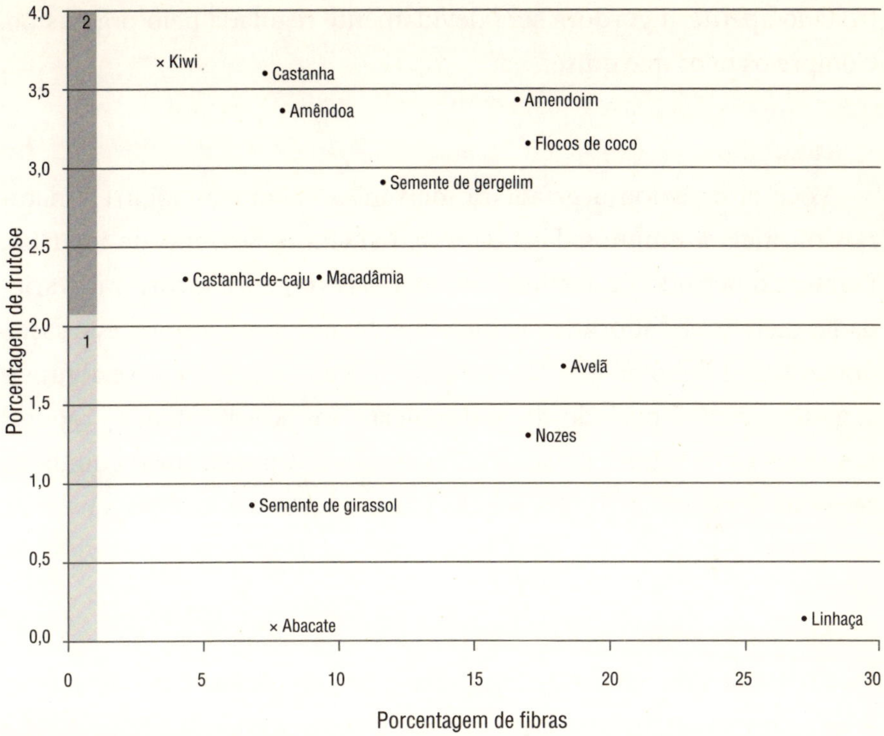

Figura 2.7: Conteúdo de fibra e frutose em nozes populares

Carne

A próxima área livre de frutose no supermercado é a seção de carnes. Lá, nada faz mal a um sucrólatra em recuperação. A carne não contém açúcar. A única palavra de advertência possível refere-se às carnes marinadas. Alguns supermercados oferecem carnes para assar e outros cortes já marinados. Como essa preparação costuma incluir açúcar, deve ser evitada, a menos que você encontre uma realmente pobre em açúcar. Leia o rótulo e, se encontrar alguma coisa sob a categoria "açúcares", não compre. Afora esse caso, tudo vale a pena.

Ovos

O pobre e velho ovo enfrentou tempos difíceis nas últimas décadas, sob o fogo das brigadas antigordura e anticolesterol. Acalme-se, porém; ovo não contém açúcar. E, uma vez regularizado o seu sistema de controle do apetite, a gordura será devidamente regulada pelo organismo. Compre os ovos que quiser.

Iogurtes

Você já esvaziou a geladeira, deixando apenas os iogurtes naturais ou mais azedinhos. Portanto, não encha o carrinho de iogurtes. Durante o período de abstinência, você talvez queira recorrer às variedades dietéticas – adoçadas artificialmente. Em geral, porém, esta seção pouco tem a lhe oferecer. No terceiro capítulo, encontram-se algumas sugestões para o período de abstinência. Nos supermercados modernos, a seção de iogurtes parece uma versão um pouco mais líquida da seção de sorvetes, com mensagens enganadoras nas embalagens. Não se demore por lá.

Leite e creme

Os rótulos de leites e cremes sem sabor registram 4,7% de açúcar. Esse açúcar é totalmente lactose e pode ser ignorado. Leite integral e creme sem sabor cabem na sua nova alimentação. Encha o carrinho com eles. Tome apenas dois cuidados. Primeiro, evite os produtos com redução de gordura. Conforme vimos, eles foram ligados diretamente às alterações nos níveis de gordura na corrente sanguínea, que podem levar a doenças cardíacas. Segundo, sei que não preciso advertir contra os cremes batidos em spray ou os leites e cremes aromatizados. Se fizer questão, porém, leites e cremes não aromatizados. São os únicos produtos aceitáveis nesta seção. Claro que leites e cremes achocolatados recebem a adição de açúcar. Não compre nada doce nesta seção.

Manteiga e margarina

Você passou anos ouvindo dizer que deve consumir margarinas e pastas com "gordura saudável", para ajudar na reabsorção (seja lá o que for isso) do colesterol e reduzir o risco de doenças cardíacas. Esses conselhos pouco se baseiam em pesquisas sérias. Quando digo "sérias", refiro-me a levar em consideração outros componentes da alimentação dos pesquisados na época do estudo. Por exemplo: alguns estudos indicam que o ácido palmítico aumenta o risco de doença cardíaca. O ácido palmítico é um ácido graxo saturado encontrado em produtos como a manteiga, mas não em algumas margarinas. Pelo menos até agora, porém, os estudos ignoram o fato de que o ácido palmítico é também a principal substância produzida pelo fígado, quando exposto à frutose. Assim, embora o resultado (associação entre ácido palmítico e doença cardíaca) esteja provavelmente correto, o real motivo foi, em grande parte, ignorado.

No fim da década de 60, o dr. John Yudkin e sua equipe, da University of London, fez uma experiência interessante. Por duas semanas, 11 pessoas médias (nenhuma obesa) entre 21 e 51 anos de idade tiveram a alimentação monitorada, para ver o que comiam normalmente. Em seguida, pediu-se que restringissem por duas semanas o consumo de carboidratos para 50 gramas por dia – eliminando essencialmente açúcar, pães e grãos – e aumentassem o consumo de todos os outros alimentos (gordura, carne, peixe, leite e queijo). Não deviam preocupar-se com o número de calorias ou o teor de gordura; podiam comer à vontade – exceto carboidratos.

Decorridas as duas semanas, a equipe constatou que os participantes tinham reduzido, em média, cerca de 25% das calorias consumidas e, ainda assim, estavam perfeitamente satisfeitos. Na verdade, muitos relataram espontaneamente sentirem-se mais ativos e saudáveis. Não tinham a sensação de estar em dieta ou sob restrições (a não ser aos carboidratos). Mais tarde, Yudkin experimentou restringir a ingestão de açúcar, e os resultados foram semelhantes.

É interessante comparar esses resultados com uma experiência feita por Ancel Keys na década de 40. Ele submeteu 36 homens jovens, saudáveis, de peso normal a uma dieta de restrição de gorduras, com o objetivo de reduzir em 25%, durante 24 semanas, o total de calorias ingeridas. Os pesquisados ficaram em um acampamento, onde recebiam a quantidade exata de alimento. Como seria de esperar, o resultado foi significativa perda de peso. No entanto, durante as 24 semanas, os homens pensavam constantemente em comida, tornaram-se apáticos e sentiam frio o tempo todo. Além disso, entraram em depressão e passaram a sofrer sangramentos. Alguns chegaram a apresentar sérias desordens psicológicas.

Tanto o grupo de Yudkin quanto o de Keys perderam peso. A diferença é que um grupo se sentia ótimo, livre, enquanto o outro ficava maldisposto e esfomeado. Yudkin restringiu os carboidratos (em estudos seguintes o eliminado foi o açúcar) e Keys restringiu a gordura. Sem esforço algum, um grupo consumiu menos 25% de calorias, enquanto o outro consumiu menos 25% de calorias, mas sentia terrivelmente a falta de comida.

Se o seu sistema de controle de apetite estiver funcionando, você não vai conseguir comer demais. A satisfação virá mais depressa com gordura do que com pão, e você vai poder escolher, conforme a situação. Uma grande porção de bolachas no chá da tarde atrapalha o apetite para o jantar. Se à noite você for comer patê de fígado com torrada, não faz muita diferença, mas, se tiver assado para o jantar, é melhor abrir mão das bolachas no chá da tarde. Uma das descobertas que fiz, ao deixar de ingerir frutose, foi que me sinto satisfeito com muito mais facilidade, sem a menor vontade de comer mais.

Depois dessa experiência interessante, tenho de estar atento. Uma vez que o meu corpo contabiliza o que eu como, sei que, caso passe o dia todo "beliscando", não vou conseguir jantar. O meu sistema de controle do apetite não deixa que eu coma demais, e seria uma pena perder o assado. Quando a pessoa é dependente de açúcar, e seu sistema de controle do apetite não funciona, ela come, come, come...

Assim, os produtos a evitar nesta seção do supermercado são as experiências químicas conhecidas como "margarina" e "pastas com redução de gordura". Não há nada de errado com a manteiga tradicional, a não ser a dificuldade de espalhá-la, quando retirada da geladeira. O sucrólatra precisa moderar o consumo de gordura. Depois de recuperado, porém, e pelo resto da vida, pode confiar no sistema de controle do apetite.

Meu objetivo era perder 30 quilos. Já perdi 16, desde 8 de novembro, quando iniciei minha jornada sem açúcar (hoje é dia 9 de julho). Só faltam 14, portanto. Urru!

Embora tenha passado um mês, no auge do inverno, sem perder peso, não me preocupei. Gostei de dar à minha pele a chance de se adaptar à perda de peso. E quem sabe meu corpo não quisesse manter aquela camada de gordura, para estar mais aquecido?

Moro sozinha e acho difícil cozinhar só para mim. Então, preparo as refeições como se cozinhasse para várias pessoas e congelo as porções. Nunca preparei muitas sopas nem usei muitos vegetais. Às vezes ainda apelo para o fast food, mas não aprecio como antes. Também noto que já não como tanta carne.

Marita

Queijos e embutidos

As prateleiras desta seção não oferecem muitos perigos. O açúcar que aparece nos rótulos dos queijos é só lactose e não causa preocupação. O único risco provavelmente serão as versões aromatizadas de produtos como queijo cottage ou queijo cremoso. "Aromatizado" costuma ser outro modo de dizer "com adição de açúcar". Carnes curadas e embutidos são geralmente livres de açúcar, mas na dúvida analise o rótulo. Se indicar açúcar, é sinal de que foi adicionado. Evite. Carne nunca tem açúcar.

Pães

Depois de concluir com sucesso a circum-navegação do supermercado, não há muita necessidade de aventurar-se pelos corredores internos. A única exceção – pelo menos no supermercado que frequento – é para os pães. A maior parte deles é relativamente pobre em açúcar. Mas existem alguns riquíssimos.

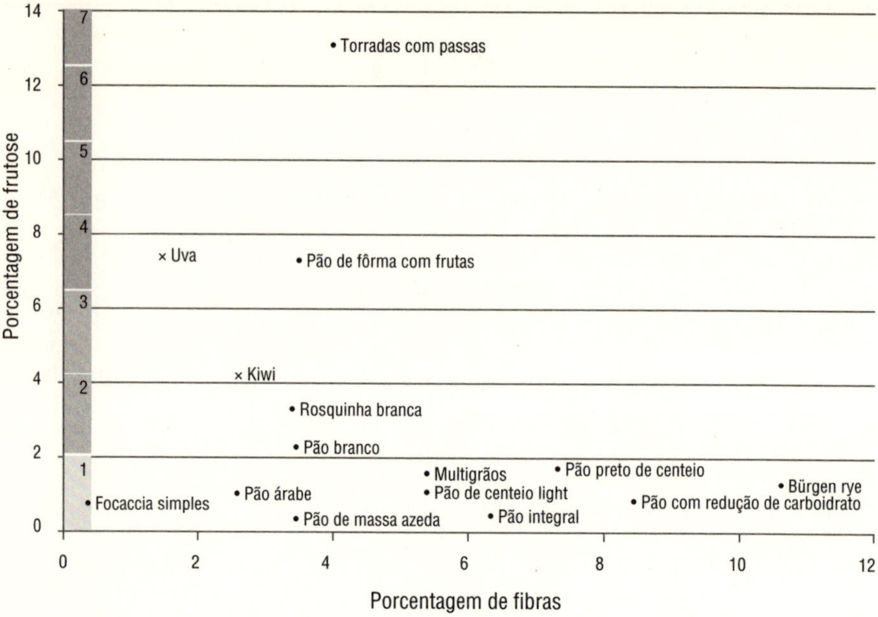

Figura 2.8: Conteúdo de fibra e frutose de tipos populares de pão

Todo pão contém um pouco de açúcar. Todo pão branco comum – o pior de todos; o mais rico em açúcar e pobre em fibras – fica entre 0,5% e 4% de açúcar, sendo 2% de frutose. Isso é mais ou menos a metade da melhor fruta (kiwi), com a quantidade equivalente de fibra. O pão multigrãos e o preto (integral e de centeio) também são pobres em açúcar e têm o dobro de fibra. Rosquinhas (bagels) devem ser evitadas como parte regular da alimentação, pois contêm, em média, o dobro do açúcar de um pão equivalente. A rosquinha branca, por exemplo, traz 6,5 gramas de açúcar por 100 gramas; o pão branco equivalente tem apenas 4 gramas. Em termos de açúcar e fibras, uma rosquinha branca se aproxima bastante de um kiwi médio. Se você gosta de pão branco, mas quer evitar o açúcar, a massa azeda é o caminho. Pães pobres em carboidratos e ricos em fibra podem parecer tentadores. É bom saber, porém, que aquela invejável posição no gráfico foi alcançada pela substituição do açúcar no pão branco por inulina – uma fibra industrializada que, segundo as pesquisas mais recentes, ignora o sistema de controle do apetite com a mesma eficiência da frutose. Explico isso no quarto capítulo (página 160).

Por enquanto, eu deixaria esses pães fora da lista de compras.

Não existe uma só razão que justifique o consumo de qualquer pão de fôrma ou torrada à base de passas. Uma porção-padrão (entre 90 e 100 gramas) contém de quatro a sete colheres de chá de açúcar. O produto Tip Top Café Raisin Toast possui o mais elevado teor de açúcar que encontrei em pouco mais de 13% de frutose (20% de açúcar), sobretudo por causa da generosa porção de passas em cada fatia. Um detalhe importante acerca do pão é que não se come uma vez só por dia. Duas fatias no café da manhã e quatro no lanche somam aproximadamente 300 gramas. Se for o pão branco comum, isso pode significar 6 gramas de frutose, mais ou menos (o equivalente a três colheres de chá de açúcar). Caso goste muito de pão, prefira o de massa azeda, o multigrãos ou o de centeio com redução de açúcar. Gosto de torrada com Vegemite, uma pasta de cor castanho-escura e sabor salgado, feita a partir do extrato de levedura, muito popular na Austrália e na Nova Zelândia.

Patês e geleias

Na maior parte dos supermercados os patês e geleias ficam perto dos pães. Alguém duvida que os comerciantes sejam espertos? Não há praticamente nada a comprar nesta seção. O sucrólatra deve desviar os olhos, ao passar por ela. Somente para informação, listei o conteúdo médio de açúcar nos produtos que podem ser encontrados na seção de patês e geleias.

Pasta	% de açúcar
Mel	82
Conserva e geleia de frutas	65
Creme de avelã	55
Conserva e geleia com redução de açúcar	30-40
Manteiga de amendoim com mel	20
Manteiga de amendoim	9
Manteiga de amendoim sem sal	5,5
Creme de queijo	2,1
Vegemite	1,4

Vegemite é (felizmente!) uma pasta aceitável. Uma porção de 20 gramas contém cerca de 0,28 gramas de açúcar (0,14 gramas de frutose), bem abaixo do limite diário. Se você não aprecia produtos australianos, vale a pena experimentar a manteiga de amendoim sem adição de sal. Quando o fabricante não acrescenta sal à manteiga de amendoim, também não adiciona açúcar. Cada porção de 20 gramas contém cerca de 0,55 gramas de frutose. Portanto, seriam necessárias quatro porções para alcançar o equivalente a uma colherada de açúcar. Creme de queijo é outra opção. Os 2,1% de açúcar são pura lactose, ou seja, 0% de frutose.

> Nem todo produto de nome terminado em "mite" é igual. Custo a acreditar, mas há quem não goste de Vegemite. Os descendentes de ingleses e de neozelandeses com frequência preferem o sabor de Marmite ou Promite. Mas existem razões muito açucaradas para evitar essas alternativas.

'mite	% de açúcar
Kraft Vegemite	1,4
Sanitarium Marmite	11,8
Masterfoods Promite	18,4

Com exceção de Vegemite, os itens daquela lista devem ser zona proibida para você. O mel costuma ser anunciado como "alternativa natural", embora não fique claro alternativa a quê. Qualquer que seja a procedência do mel – pode ser até do apiário do vizinho do seu avô –, o índice de açúcares totais deve andar pela casa dos 80% (40% de frutose). Geleias e conservas também são riquíssimas em açúcar e devem ser evitadas. E, por mais que a propaganda anuncie os benefícios das pastas de chocolate com avelãs, elas não passam de barras de chocolate amolecidas.

Se você não se interessa por Vegemite, manteiga de amendoim sem sal ou creme de queijo, experimente uma das pastas preferidas dos meus filhos: espalhe abacate fresco amassado sobre uma torrada. Para realçar o sabor, salpique um pouco de sal, pimenta ou suco de limão. Abacate é muito rico em fibras e quase zero de frutose. Em matéria de pasta, é a melhor.

Condimentos - molhos e acompanhamentos

Quando falo em condimentos, refiro-me aos molhos e temperos que devem ser acrescentados à comida depois de servida. Esse é um território perigoso para sucrólatras em recuperação. Há mais açúcar em um molho barbecue (55%) do que em uma cobertura de chocolate (43%). Não se sente o gosto doce no molho porque é compensado pelo sal.

Molho	% de açúcar
Barbecue	48-55
Hoisin	25-50
Pimenta chili doce	43-49
Carne	26
Ketchup	25
Tomate	21-36
Inglês	15-36
Maçã	15
Tártaro	6-10
De peixe	6
Taco	1,5
Soja	1
Tabasco	0

Alguns tipos de molho apresentam variados conteúdos de açúcar, conforme a marca. Sempre vale a pena analisar o rótulo da sua marca preferida e comparar com outras. De acordo com a lista, você vai precisar desenvolver o gosto pelos molhos taco, de soja ou tabasco ou então aprender a viver sem molhos. Há muitos molhos bons, e talvez seja por isso que muitas crianças – e os homens que aparecem em comerciais – gostam da comida coberta de molho.

Evite a todo custo os molhos com redução de gordura, que em geral contêm o dobro do açúcar encontrado nas versões regulares. O molho tártaro tradicional, por exemplo, fica em torno de 10% de açúcar, enquanto a versão "magra" alcança de 20 a 22%. Claro que você pode fazer um molho caseiro simplesmente diluindo extrato de tomate. Assim, o teor de açúcar, de aproximadamente 11%, é consideravelmente reduzido, conforme a quantidade de água. Também é possível acrescentar dextrose ao purê de tomate, mas preste atenção ao rótulo, pois algumas marcas adicionam açúcar. E existe ainda a possibilidade de preparar o delicioso mas complicado ketchup explicado na seção de receitas.

Se você ama "relish" ou "chutney", trago más notícias. Os dois tipos deveriam estar na seção de doces.

Chutney/Relish	% de açúcar
Chutney de frutas	29-30
Relish barbecue	24
Chutney ou relish de tomate	18
Relish de milho	17
Salsa	7-9
Pesto	2-5

Por alguma razão, esse tipo de condimento desperta a criatividade dos fabricantes de alimentos. Assim, sabores e ingredientes de chutneys e relishes mudam frequentemente. Se você der uma passada rápida (eu disse rápida!) na seção de condimentos para pegar um molho pesto, analise o rótulo. Caso a quantidade de açúcar seja superior a 5%, devolva à prateleira. Outros ocupantes da seção de condimentos são mostardas, maioneses e molhos de salada. Trago boas notícias para a mostarda. Em média, ela não contém açúcar. As integrais contêm um pouco – 2% que vêm dos grãos. Maioneses se dividem em dois campos: as advertências quanto à presença dos temidos ovos e o que vou dizer agora. A maionese comum é muito pobre em açúcar. A maior parte das marcas não chega a 2%, e algumas são zero. Se você é fã de maionese, encha o carrinho com elas. No entanto, quando o rótulo indicar redução de gordura, redobre a atenção, pois uma das marcas alcança 13%. Existe a maionese sem ovos, anunciada como maionese tradicional. As versões integrais dessa trazem 8,5% de açúcar, enquanto as versões "magras" chegam a 21%. Evite sempre.

Infelizmente, a maionese tradicional é usada como base para "coleslaw" (uma salada de repolho) industrializada. Se comprar esse produto, pode esperar por uma boa porção de açúcar. Além disso, o divertido é fazer em casa, com as crianças. Sério! Na página 179 há uma receita que fica melhor feita com as mãos. É onde entram as crianças. Desafio você e os seus amigos sucrólatras a descobrirem a diferença entre a versão industrializada, rica em açúcar, e a versão caseira, livre de açúcar (a não ser o que vem na cenoura e no repolho).

Os molhos de salada não chegam a ser classificados como doces, mas alguns têm um assustadoramente elevado teor de açúcar, e a maioria deve ser evitada.

Molho de salada	% de açúcar
Vinagre balsâmico	15
French sem gordura	9-17
French	7-13
Italiano ou Caesar sem gordura	10
Italiano ou Caesar	5
Ranch	6
Suco de limão	2,5
Vinagre	0
Azeite de oliva	0

Talvez você se surpreenda com a quantidade de açúcar que há no vinagre balsâmico. Isso acontece porque o balsâmico não é realmente vinagre; é uma redução do xarope de uvas doces. O verdadeiro vinagre é feito do vinho fermentado. (A palavra "vinagre" vem do francês antigo "vin aigre", que significa "vinho azedo".) No balsâmico, o açúcar das uvas permanece, enquanto no vinagre é todo fermentado – inicialmente liberando o etanol e, depois, o ácido acético.

O melhor tempero para salada é ar. Se não for do seu agrado, experimente combinações dos três últimos itens da lista com ervas picadas. O resultado pode ser satisfatório e praticamente isento de açúcar.

Por que complicar?

A quinta etapa trata da criação de um oásis sem açúcar dentro de casa. Se forem seguidas as instruções desta seção, não haverá um só produto rico em açúcar na sua geladeira ou despensa. É impossível comer o que não existe. É impossível preparar acidentalmente uma refeição fora dos padrões se todos os artigos estiverem certificados (por você) como isentos de açúcar. Sei que as compras semanais ficam parecendo uma tarefa complexa – e é, mesmo, na primeira vez. Depois de algumas semanas, porém, fica estabelecido o hábito de só visitar determinadas seções. Você vai fazer as compras mais rapidamente e com menos gastos, uma vez que a comida industrializada custa uma fortuna. Além disso, a sua cozinha sem açúcar fica preservada.

Capítulo 3

PLANEJAMENTO DAS REFEIÇÕES

Eliminar o açúcar da alimentação não é tão difícil quanto parece. É impossível reduzir a zero o consumo de açúcar, a não ser que a pessoa pare de comer. Nesse caso, porém, sua única preocupação seria planejar o próprio funeral. Agora que você aprendeu a circular com segurança pelo supermercado, aqui vão algumas ideias de refeições sem açúcar – ou com o mínimo possível. Como se vê, não sugiro quantidades nem conto calorias. Com a volta ao normal do seu sistema de controle do apetite, depois do período de abstinência, você talvez nem consiga terminar a refeição que antes devorava rapidamente. Pode deixar a contagem de calorias a cargo do seu organismo. Coma até começar a sentir saciedade ou até terminar a porção de costume – o que acontecer primeiro.

Outro ponto que merece a sua atenção é a fome. Não me refiro àquela sensação vaga, desagradável, irritante tão comum no período de abstinência. Falo de fome genuína, que faz o estômago roncar. Nesse caso, você deve comer, é claro. Digo que evite comer quando não tiver fome. Vale, inclusive pular refeições eventualmente ou pegar porções menores. Se você ainda não iniciou o período de abstinência, não entende o que estou dizendo, mas pode acreditar: depois, o seu apetite vai diminuir significativamente. Não que você goste menos de comida. Pelo contrário. Sem o açúcar, as suas papilas gustativas experimentam uma intensidade de sabores inimagináveis. De repente, entendi o que dizem os amantes de vinho, ao perceberem a diferença entre cabernet sauvignon e shiraz. (Antes, tudo era vinho tinto!) Quando você se livra do açúcar, o seu paladar vai muito além de salgado ou doce. Só não confie no seu apetite antes de superar o período de abstinência, porque se sentirá vagamente com fome o tempo todo.

Este planejamento de refeições em nada se parece com o que você encontra em livros de dieta. Não é preciso sair à procura de bexiga de carneiro da Moldávia para o jantar de terça-feira nem passar a metade do dia picando cogumelos colhidos na face sul da colina para a salada mista nepalense da quinta-feira. A intenção é apenas oferecer ideias para refeições de fácil preparo sem açúcar.

Uma nota importante sobre monohidrato de dextrose

Em toda esta seção de planejamento e nas receitas seguintes, eu me refiro à dextrose. Falo de um pó branco que parece açúcar refinado, mas é pura glicose (a metade boa do açúcar) ligada a uma molécula de água. No supermercado onde faço compras, fica na seção de preparações caseiras, em pacotes de 1 quilo. A dextrose pode substituir o açúcar, mas nem sempre, pois a molécula de água confere a ela diferentes propriedades durante o cozimento.

No começo da fase de abstinência, a dextrose não parece doce. No máximo, lembra o gosto de farinha com um toque de formigamento na língua. Comparada ao açúcar, a dextrose é terrivelmente sem graça. O paladar, acostumado a sabores muito doces, custa a aceitar. Somente com o passar dos dias as papilas gustativas se ajustam, e o gosto se revela. Veja a banana, por exemplo. Quando eu era sucrólatra, achava uma fruta desinteressante. Eu não atravessaria a cozinha – e muito menos a rua! – para comer uma. Hoje, no entanto, acho a banana extraordinariamente doce. Com a dextrose é a mesma coisa. No início da abstinência, ela parece praticamente sem gosto; no fim, tem gosto bem parecido com açúcar refinado.

O conselho sobre a glicose, na página 62, aplica-se à dextrose:

ALIMENTOS ADOÇADOS COM DEXTROSE (GLICOSE) SÓ DEVEM SER CONSUMIDOS DEPOIS DE COMPLETADA A FASE DE RETIRADA DO AÇÚCAR.

Antes de você começar o período de abstinência, as suas artérias carregam o resultado de uma alimentação rica em frutose. A glicose provoca um pico no nível de açúcar no sangue e na produção de insulina. Nada disso é bom.

Desjejum

Produtos industrializados para o desjejum quase sempre envolvem grandes quantidades de açúcar – às vezes sob a forma de frutas secas. Ainda assim, é açúcar.

Cereais

Se é inverno, por que não? Ponha um pouco de flocos de aveia em uma tigela, acrescente água ou leite e leve ao forno de micro-ondas. Pronto. Um mingau rápido, quentinho e sem açúcar. Claro que você não vai usar açúcar nem mel, mas, se gosta de realçar o sabor, salpique um pouco de dextrose em pó. Embora o gosto não seja o mesmo do açúcar, vai ficando cada vez mais doce, à medida que você deixa de ser sucrólatra. Outra boa ideia é juntar ao mingau meia banana, que compensa o conteúdo de frutose pela presença de fibra, acrescentada à aveia. Se preferir mel, experimente o xarope de glicose, um líquido claro que possui mais ou menos a mesma consistência, encontrado na seção de doces da maior parte dos supermercados. Tal como a dextrose, o xarope de glicose não parece particularmente doce nas primeiras vezes, mas melhora com o tempo e pode ser colocado sobre o mingau.

Escolha um cereal adequado e mais uma vez, se quiser, acrescente dextrose em pó, para simular açúcar. Minha solução preferida é uma camada de manteiga por cima. Trigo em grão também é boa escolha, mas só na variedade sem sabor; os aromatizados são ricos em açúcar.

Se você gosta de preparações caseiras, pode fazer a sua granola. Use muitas nozes da parte inferior direita da figura 2.7, na página 101, e muita aveia. Evite frutas secas, açúcar e mel. Em vez disso sinta-se à vontade para usar dextrose ou xarope de glicose. No quinto capítulo, incluí a receita da granola da família Phillips.

Torrada

Escolha o pão certo (páginas 105-107) e a torrada pode compor um café da manhã fácil, rápido e praticamente isento de açúcar. O segredo é encontrar um acompanhamento suficientemente pobre em açúcar, para espalhar por cima. Manteiga é ótima opção, e muita gente aprecia a boa e velha torrada com manteiga. Minha preferência é por Vegemite, mas nasci e fui criado na Austrália. É genético, portanto. Se esse não for o seu caso, opte por manteiga de amendoim sem sal, por exemplo (veja a página 107). Uma das minhas filhas gosta de queijo cremoso, um dos meus filhos prefere espalhar sobre uma torrada multigrãos um abacate amassado com um pouco de sal, pimenta e suco de limão. Esse último ingrediente é especialmente bom, pelo baixo teor de açúcar e alto teor de fibra.

Claro que você pode caprichar, levando a torrada ao forno com tomate, alcaparras e cebola, criando assim uma "bruschetta". Veja as sugestões do segundo capítulo, para não errar.

Café da manhã continental

Na juventude, morei na Alemanha por um ano e desenvolvi o gosto pelo café da manhã continental europeu. Na Austrália, onde vivo, infelizmente temos de manter queijos e carnes na geladeira, o que os torna bastante duros. Assim, o café da manhã continental australiano nem sempre é o ideal. Quando possível, porém, esse tipo de desjejum oferece a vantagem de ser quase completamente livre de açúcar (desde que se evitem doces e geleias). Além disso, costuma ser a opção mais barata no cardápio do hotel. Na Europa, a maior parte dos pães é à base de centeio ou massa azeda, em geral com pouco ou nenhum açúcar. Carne não tem açúcar, e o único açúcar do queijo está na lactose. Evite pastinhas e iogurtes adoçados. Se quiser imitar o cardápio alemão, prepare um ovo cozido aos domingos. E de vez em quando, se quiser um sabor diferente, acrescente uma pera ou um kiwi fatiados.

Desjejum quente

Um café da manhã quente é perfeito para o sucrólatra em recuperação. Precisa só ter cuidado com os molhos e, dependendo dos seus hábitos, os pães.

Aproveite a versatilidade dos ovos: cozidos, estrelados, poché ou mexidos; com bacon, bife ou linguiça... Somente o molho de tomate não é permitido. Se gostar, experimente fritar um tomate fresco com os ovos. Ou pode usar um molho holandês (receita no quinto capítulo). Aí também cabe o abacate. Acho fantástico o gosto do bacon crocante misturado com o gosto do abacate, além da maior quantidade de fibras.

Misturas industrializadas para panquecas doces estão fora. Apesar da variação no conteúdo de açúcar - de 8% a mais de 20% - todas as marcas são inconvenientes para um sucrólatra em recuperação. No entanto, para alegria dos fãs, incluí no quinto capítulo uma receita que usa dextrose. No início, talvez você estranhe e sinta falta do sabor doce. Com o distanciamento do açúcar, porém, o gosto vai parecer perfeitamente normal. Sei que a massa da panqueca, em si, não tem muita graça, mas o xarope de bordo tem que ficar de fora. Uma porção de manteiga derretendo devagar sobre uma panqueca quentinha é uma delícia. Para adoçar, porém, só tenho a oferecer o xarope de glicose, infelizmente mais grosso, de consistência semelhante ao mel. Se não gostar do resultado, experimente morangos frescos ou salpique um pouco de dextrose.

Ingredientes que você deve ter em casa para o desjejum:

- Aveia natural com leite integral
- Trigo em grãos
- Torrada e coberturas, como manteiga, Vegemite, queijo cremoso, manteiga de amendoim sem sal ou abacate
- Ovos e bacon, linguiça, "harshbrowns" (bolinhos crocantes de batata ralada ou cozida), tomate ou carne
- Panquecas de dextrose (página 219) com morangos frescos

Bebidas

Como você já sabe, sucos de qualquer espécie estão fora. Refrigerantes também, mas acredito que você se incline pelo suco. As únicas bebidas sem açúcar para o seu desjejum são leite (integral e sem sabor), água, chá ou café (sem açúcar). Se você se acostumou a usar açúcar no chá ou café, mude para dextrose ou, se não gostar, para adoçantes artificiais à base de aspartame ou sucralose. Caso pretenda fazer isso, primeiro dê uma olhada no quarto capítulo, para ter a certeza de não usar um adoçante – sorbitol, por exemplo – que tenha sobre a saúde o mesmo efeito do açúcar. Nunca tomei chá com açúcar, mas muita gente considera a dextrose uma alternativa aceitável, enquanto não desaparece o gosto pelo doce. Superado esse período, desaparece a necessidade de adoçante.

Para mim não há nada melhor, no desjejum, do que um bom copo de leite integral gelado com minha torrada preferida. Ainda que você tenha bebido leite desnatado a vida toda e nem pense em consumir leite integral, experimente – levando em consideração as pesquisas que apontam aumento do colesterol LDL em quem consume produtos "magros" – ou beba água. No caso de o leite ser acrescentado ao chá ou café, não faz muita diferença ser desnatado ou integral, uma vez que a quantidade é muito pequena.

Desjejum fora de casa

O fato de fazer a primeira refeição na rua não aumenta muito a variedade oferecida. Observe estas regras, ao fazer o pedido:

- Nada de suco, ainda que esteja incluído no pacote. Peça para trocar por água ou leite, evitando a tentação.
- Nada de produtos de pastelaria, a não ser um croissant simples (com manteiga, se gostar).
- Nada de cereais, a não ser aveia e trigo em grãos.
- Não acrescente açúcar a alimento algum.
- Nada de passar geleia ou mel no pão.
- Nada de torradas à base de frutas.
- Nada de panquecas doces nem de xarope de bordo.
- Use e abuse de bacon, ovo, "hashbrown", torrada, manteiga, tomate, cogumelo, carne e linguiça.
- Use e abuse de água, leite, chá e café.

Se o seu orçamento permitir, tome o café da manhã na filial mais próxima de uma rede de fast-food. Qualquer coisa que envolva bolo quente, geleia ou cereal não é para você, mas há opções com redução de açúcar perfeitamente aceitáveis. Cuidado com o molho de tomate; retire antes de comer. (Eu daria tudo para ver você fazer isso!) Bebidas à base de café e chá vêm sem açúcar – depois de ajustes para a lactose –, mas isso não lhe dá carta branca; não peça nada que envolva sabor, pois os aromatizantes contêm boa quantidade de açúcar.

Almoço e jantar

Algumas pessoas fazem questão do almoço, outras fazem questão do jantar. Por isso reuni as duas refeições na mesma seção. Ajeite conforme o seu hábito.

Sanduíches

Qualquer tipo de sanduíche que envolva um pão com baixo teor de frutose (página 106), manteiga (ou nada, a seu gosto) e uma pastinha que não seja doce (Vegemite, manteiga de amendoim sem sal ou queijo cremoso) é ótimo. Se você aprecia sanduíches de salada, tudo bem. Quanto ao teor de frutose, o mais perigoso seria o tomate, mas não chega a complicar. E você pode acrescentar quanta carne quiser.

Sanduíches de carne assada ou presunto são muito bons para os carnívoros, só que sem molho, geralmente rico em açúcar (página 110). A boa notícia é que as mostardas são completamente livres de açúcar ou, no caso das versões integrais, muito pobres. Em sua maioria, os molhos de carne, compostos geralmente de farinha, água e gordura, não têm açúcar. E a maionese é permitida, desde que sem redução de gordura e à base de ovos inteiros (página 111). Infelizmente, os estabelecimentos que vendem sanduíches e saladas costumam usar a maionese "tradicional" com redução de gordura (mais de 20% de açúcar, em geral). Se encontrar um lugar que use maionese feita com ovos inteiros e sem redução de gordura, grude nele feito cola. Ou então peça para mudar a receita. Ou, ainda, sanduíche de ovo é muito bom.

Saladas

Saladas são ótimas, mas tenha cuidados com os temperos. A maior parte dos temperos comprados prontos traz uma quantidade de açúcar terrivelmente elevada (página 111). Vale a pena observar o rótulo, uma vez que as quantidades variam bastante, ainda que no mesmo tipo de molho. Evite sempre as versões com pouca ou nenhuma gordura, que costumam conter mais 3 a 5 gramas em cada 100 gramas de produto. Uma boa alternativa é montar a própria salada. Misture azeite de oliva com mostarda integral ou suco de limão e algumas ervas, e... "voilà"! Instantaneamente, um tempero sem açúcar (ou quase) para a salada.

Comida asiática

A comida asiática pode ser uma proposta perigosa para um sucrólatra em recuperação. O açúcar mascavo costuma ser o ingrediente principal em molhos tailandeses e um importante componente em outros. E, uma vez que os molhos tendem a ser a essência de muitos pratos asiáticos, esse pode ser um problema. Se você preparar a comida em casa, escolha bem a marca de molho, porque o conteúdo de açúcar varia conforme a marca. No entanto, se costuma comer fora, estas sugestões devem ajudar:

Regras para comer pratos asiáticos fora de casa

1. Sempre que possível, prefira comida chinesa ou indiana, em vez de tailandesa ou malaia.
2. Mantenha distância de tudo que mencionar mel ou pimentão doce.

Eis aqui alguns dos mais populares molhos e cremes usados como base das receitas de pratos asiáticos.

Molhos e cremes comuns na cozinha asiática	% açúcar
Molho hoisin	25-50
Molho de pimentão doce	43-49
Molho agridoce; pasta tailandesa	30
Molho de ostra	25
Molho satay	22
Pasta tailandesa de curry vermelho	10-20
Molho de nasi goreng (arroz frito)	14
Molho sambal (à base de pimenta)	12
Molho de feijão preto	10
Molho laksa	5-10
Pastas de curry malaia, verde tailandesa & tikka masala	8
Pasta de curry korma	7
Molho rendang	6
Pastas de curry Madras, vindaloo e rogan Josh	5
Pasta de curry tandoori	1
Molho de soja	1
Pasta tailandesa de curry massaman	1

O segredo da culinária asiática está nas pastas de curry, nas ervas e especiarias. As marcas dessas pastas são muitas e mudam constantemente. Assim, vale a pena analisar o rótulo, porque algumas apresentam a metade do teor de açúcar de outras. Não é preciso evitar completamente a comida de origem asiática; basta saber que se trata de um território perigoso, no qual você se arrisca a uma significativa exposição ao açúcar.

Sou fã da culinária asiática. Faz só cinco dias que comecei uma alimentação sem açúcar e tenho passado um bom tempo lendo os rótulos de tudo que guardo na despensa ou compro no supermercado.

Fiquei surpresa ao descobrir, na noite passada, que na minha marca favorita de molho hoisin o primeiro ingrediente é o açúcar! Fiquei sabendo também que quase todos os molhos asiáticos estão cheios de açúcar. E eu havia decidido eliminar completamente o hábito de consumir açúcar! Assim, descartei molho de peixe, o de soja doce kecap manis, hoisin, o de pimentão doce (é claro), pasta satay, pasta laksa, todas as outras pastas de curry e até a marca de molho de soja que eu costumava usar. Estou mudando para um tipo de molho de soja fermentado naturalmente do feijão de soja – o tamari – e preparando meus molhos em casa.

Tenho certeza de que vai ser difícil pedir em casa comida asiática sem açúcar. Na próxima vez em que for ao restaurante, vou ter uma conversa com o pessoal de lá.

Raegose

"Para viagem"

O perigo da comida que é levada do restaurante para casa está sobretudo nos molhos, sobremesas e bebidas. Aqui estão algumas regras simples.

Regras da comida "para viagem"

1. Fique longe da geladeira de bebidas. Não há nada para ver lá dentro. (A não ser que você queira comprar água.)
2. Nem pense no freezer de sorvetes.
3. Não compre molhos para acompanhar a refeição. Se a comida já vier com molho – o hambúrguer, por exemplo –, peça um especial sem molho.

Observe essas regras, e o seu sistema de controle do apetite – já recuperado – vai limitar a quantidade que você come. Você vai se surpreender.

Fast-food na rede McDonald's e similares

Uma vez que a rede na Austrália disponibiliza informações sobre o conteúdo de açúcar de seus produtos – muitos deles são oferecidos no Brasil –, aqui vão eles como exemplo do que deve ser observado em estabelecimentos de fast-food.

É raro alguém entrar no McDonald's pensando em comer alguma coisa muito diferente de hambúrguer. Trata-se de um bom lugar para começarmos, portanto. A lista foi organizada de acordo com o conteúdo de açúcar em cada porção (um sanduíche = uma porção). Mesmo levando em conta o molho, só um sanduíche joga para dentro de você mais de duas colheres de chá de açúcar. Se você quiser menos açúcar, peça o seu sanduíche sem molho ou raspe com uma faquinha quando for retirar (é claro) os picles.

Sanduíche	açúcar (g)
Angus Bacon	4,0
Big Mac	9,1
Big Tasty	6,3
Cheddar McMelt	5,1
Cheeseburguer	6,4
Chicken Supreme Crispy	5,1
Chicken Spreme Grill	5,1
Hambúrguer	5,8
McChicken	5,6
McFish	4,8
McDuplo	6,5
McNifico Bacon	8,0

Os "wraps" também não são muito doces.

McDonald's wrap	açúcar (g)
McWrap Bacon Crispy	1,5
McWrap Barbecue Crispy	0,9
McWrap Mostarda Grill	0,9

Pode acrescentar nuggets e batatas fritas à vontade. As fritas não têm açúcar, e você precisaria comer 60 McNuggets para consumir uma colher de chá de açúcar. No entanto, se não consegue comer um McNugget sem molho, está em apuros. (Veja a lista de molhos na página 111.)

Conseguir lá uma bebida com pouco açúcar é meio complicado, mas agora se pode comprar água, que é sempre uma opção. As outras bebidas do cardápio deixam muito a desejar, se você não quiser adoçantes artificiais nem alguma coisa quente.

Bebidas do McDonald's	açúcar (g)
Coca-Cola zero	0,0
Água	0,0
Guaraná zero	0,0
Café com leite	0,0
Frappé Mocha	33
McShake Flocos (300ml)	45
McShake Morango (300ml)	59
Smoothie Manga Abacaxi (300 ml)	38
Smoothie Morango Banana (300 ml)	34
Suco Abacaxi com manga (300 ml)	29
Suco laranja (300 ml)	29

Não coma sobremesa no McDonald's. Elas aqui estão só por curiosidade. No entanto, se você não abre mão da sobremesa, recomendo a torta de maçã.

Sobremesas do McDonald's	açúcar (g)
Casquinha baunilha	23
Casquinha chocolate	7,4
Casquinha mista	15
McColosso caramelo	32
McFlurry trufado	44
Sundae de caramelo	37
Sundae de chocolate	36
Top Sundae de caramelo	56
Top Sundae de chocolate	55
Torta de banana	15
Torta de maçã	15

Na Austrália, há algum tempo o McDonald's introduziu opções "mais saudáveis", para atrair consumidores mais conscientes da saúde ("Tick-Approved" - com aprovação da Heart Foundation). Essas opções são consideradas mais saudáveis por causa da redução de gordura. Em muitos casos, porém, o açúcar faz uma indesejada e pouco saudável aparição, misturado ao molho.

A título de curioseidade, veja alguns itens do cardápio australiano do McDonald's.

Item do cardápio do McDonald's	% açúcar	Açúcar (colher de chá)
Molho de salada Caesar Salada verde (sem molho)	3,1 1,3	0,25
Salada Caeser com frango Crispy e Bagel Chips (sem molho) Salada Caeser com frango grelhado Bagel Chips (sem molho)	0,9 1,0	0,50
Molho italiano para salada Crispy Classic Chicken com Bagel Chips (sem molho) Crispy Classic Chicken com Bagel Chips	9,8 0,9 1,0	0,75
Molho balsâmico para salada	9,4	1,00
Fatias de maçã "Tick Approved" McFish, salada verde e molho italiano "Tick Approved" McChicken, salada verde e molho italiano	11,5 2,6 2,4	1,75
"Tick Approved" hambúrguer, salada verde e molho italiano	3,8	2,25
"Tick Approved" chicken tandoori wrap, salada verde e molho italiano "Tick Approved" 6 unidades de McNuggets, salada verde e molho italiano	2,8 4,0	2,50
"Tick Approved" wrap de frango grelhado com chili doce e molho italiano	4,6	4,00

Embora muitas dessas refeições sejam pobres em açúcar, o problema é o molho. Um estilo de alimentação com baixo consumo de açúcar significa aprender a comer em qualquer filial de uma rede de lanchonetes sem inundar tudo com molho. Se você conseguir usar só um sachê, o estrago não é grande, mas lembre: cada sachê tem o número de colheres de chá de açúcar indicado na tabela a seguir.

Molhos do McDonald's	% açúcar	Açúcar (colher de chá)
Molho Ranch cremoso	4,5	0,25
Ketchup	20,5	0,50
Mostarda	20,3	1,25
Molho de mostarda e mel Molho barbecue	34,1 31,2	2,00
Molho agridoce	35,8	2,50

Pizza

Dependendo da quantidade, pizza é uma opção com teor de açúcar relativamente baixo. O problema é o molho. Portanto, o que faz a diferença é a generosidade de quem aplica o molho. Os apreciadores de churrasco gostam de molho barbecue, fazendo com que suas pizzas sejam as mais ricas em açúcar. As pizzas havaianas levam abacaxi e, mais uma vez, conforme a generosidade de quem prepara, podem ter elevado conteúdo de açúcar. As pizzas de pepperoni costumam ser as de mais baixo teor de açúcar, uma vez que têm apenas carne e um molho de tomate simples. Esses números se aplicam à maior parte das casas de pizza, mas a Pizza Hut ocupa frequentemente a extremidade superior da escala de açúcar.

Pizza	% açúcar
Pão de alho Pepperoni	0-3 1-4
Supreme vegetariana	2-5
Barbecue	2-6
Havaiana	3-6

Uma fatia de pizza-padrão pesa cerca de 80 gramas. Portanto, uma fatia de barbecue ou havaiana carregam até uma colher de chá de açúcar. Como regra geral, pode-se dizer que cada fatia de pizza tem meia colher de chá de açúcar (1 grama de frutose). É melhor limitar-se a duas fatias – se conseguir chegar a tanto. Pães de alho variam entre zero e 3% de açúcar, conforme o tipo de pão – geralmente branco.

Repare que esses números se referem a pizzas vendidas ou entregues em casa já prontas, e não às congeladas oferecidas nos supermercados. A maior parte dessas últimas contém cerca de 10% de açúcar, o que representa uma diferença significativa na massa e no molho. Na pizza de supermercado, uma fatia de 80 gramas representa duas colheres de chá de açúcar. Se você não gosta de vegetais e precisa comprar alguma coisa na seção de congelados, prefira uma torta de carne ou um rocambole de linguiça. Esses produtos não costumam ter muito açúcar, mas é bom conferir o rótulo. Os fabricantes contam com a possibilidade de o comprador acrescentar ao alimento um molho de tomate rico em açúcar. No entanto, se você usar a receita do quinto capítulo, vai ter uma refeição com pouco açúcar. Eu não faria isso toda noite, por causa da falta de fibra. Como uma solução ocasional, porém, não há nada de errado.

Em vez de comprar pizza congelada, prepare em casa. É relativamente fácil montar uma, usando como base massa de bolo sem açúcar – veja o quinto capítulo – e o extrato de tomate com mais baixo teor de açúcar que encontrar. (Atenção, porque as marcas variam muito.)

Outro item cada vez mais frequente nas pizzarias são os pratos de massa. Os que vêm acompanhados de molho branco trazem aproximadamente uma colher de chá em cada porção (300 gramas), e os de molho vermelho trazem o dobro. Embora não sejam ideais, esses pratos não causam muita preocupação. Em uma pizzaria, nada me deixa assustado - desde que você não coma lá toda noite -, a não ser as sobremesas e bebidas.

Restaurantes

Todos esses conselhos se aplicam, de modo geral, a restaurantes italianos. A maior parte dos pratos lá encontrados têm baixo teor de açúcar e não devem ser motivo de preocupação, a menos que você coma fora regularmente. Cuidado apenas com o vinagre balsâmico que oferecem à mesa.

Em outros tipos de restaurante, o cardápio de sobremesas representa o perigo óbvio, mas é fácil fugir delas. Em muitas dessas casas, oferecem-se café e queijo depois da refeição. Habitue-se a pedir isso. Foi assim que fiz no início. Com o ajuste do meu sistema de controle do apetite, porém, passei a ficar satisfeito com a comida e pedir só café. Esse foi um sintoma muito visível das mudanças que ocorriam na nova pessoa que sou. Ia aos mesmos restaurantes e pedia os mesmo pratos. (Sou sem graça assim mesmo. Que posso dizer? Gosto de carne.) No entanto, antes mesmo de acabar a comida, sentia-me como um sofá com excesso de enchimento. Antes, comia tudo, devorava a sobremesa e ainda aceitaria mais. Quando deixei de pedir a sobremesa, os garçons passaram a me olhar desconfiados. Tenho certeza de que pensaram que eu tivesse razões financeiras - ainda mais quando comecei a recusar a entrada!

Adote o hábito de pedir água mineral, em vez de suco ou refrigerante. Se quiser, peça uma bebida alcoólica com pouco açúcar - vinho tinto, por exemplo. O perigo é a maionese. Evite, a menos que tenha a certeza de ter sido preparada com ovos inteiros e sem redução de gordura. Se for a primeira vez em que vai a determinado restaurante, e tiver a surpresa de encontrar maionese no prato, procure tirar e, se voltar, peça sem maionese. Não se preocupe muito com a maior parte dos outros molhos. Muitos restaurantes se orgulham de criar seus molhos tendo como base tomates frescos, e os outros tipos de molhos, em sua maioria, têm pouco açúcar e são aguados demais para provocar preocupação.

Regras para comer fora

1. Peça queijo para a sobremesa.
2. Prefira água mineral ou bebida alcoólica com pouco açúcar.
3. Fique longe do vinagre balsâmico.
4. Evite molhos à base de maionese.

Cozinhando em casa

Uma vez que você reformulou o estoque da geladeira e da despensa de acordo com as instruções do quinto passo, pode pegar o que quiser para a preparação do almoço e do jantar. Por isso é importante ter em casa apenas alimentos sem açúcar. A cozinha se torna um refúgio, onde tudo que estiver disponível será seguro. É possível combinar qualquer coisa com qualquer coisa, na certeza de não estar se envenenando nem aos que provarem da comida. Qualquer carne com qualquer vegetal compõem uma boa refeição. Massa, batata ou arroz podem ser combinados ao que você quiser. Tenha cuidado apenas com os molhos. Lembre que, se for preparar pratos asiáticos, deve preferir a culinária indiana, em vez da tailandesa, e curry em pó ao curry em pasta. Além disso, se dispuser de pão com baixo teor de açúcar, prepare sanduíches.

Sobremesa

Uma vez que não pode comer sobremesa no restaurante nem comprar sorvete no supermercado ou dar uma "passadinha" na sorveteria, talvez você pense que se despediu para sempre dessas iguarias. Felizmente isso não é verdadc, desde que você prepare as suas sobremesas ou peça a alguém para preparar. Muitas das receitas do quinto capítulo foram criadas com a intenção de resolver o problema da sobremesa. Para quase todos os aspectos da alimentação, é possível encontrar um produto comercial com menos ou nenhum açúcar; basta procurar. No entanto, quando se trata de sobremesa, a coisa se complica. A boa notícia é que, com as receitas do quinto capítulo, você vai poder saborear quase todas as suas sobremesas preferidas, trocando açúcar por dextrose. As receitas, que originariamente usavam açúcar, foram pesquisadas e modificadas (às vezes bastante) por Lizzie, para que conservassem o gosto. Bem, o resultado não é exatamente o mesmo do original, principalmente se você provar antes de começar o período de abstinência. Veja a advertência da página 115 e não faça isso ou vai achar a sobremesa "sem graça". Somente depois de superado o período de abstinência, você vai realmente apreciar os sabores. E alguns – o sorvete, por exemplo – conseguem enganar até o sucrólatra mais radical. Se a receita da sua sobremesa favorita não estiver lá, observe as proporções de dextrose em outras semelhantes e faça as modificações necessárias.

O interessante é que, completada a abstinência, doces e sobremesas realmente perdem boa parte do apelo. Eles continuam saborosos; o que muda é a sua atitude. Desaparece aquele "gosto de quero mais". Sei que é difícil acreditar, mas acontece com todos que completam o período de abstinência. A maioria relata usar a dextrose para preparar bolos de aniversário alguns doces para oferecer às visitas sucrólatras. E só.

Um dia típico

Você pode comer o que quiser, desde que siga as regras. (Faço um resumo na página 146.) Depois de abandonar o açúcar, o seu controle do apetite vai voltar a funcionar e, de repente, você não consegue comer a partir de determinado ponto. É uma experiência nova. Enquanto era sucrólatra, jamais me senti tão satisfeito quanto agora. E se você insistir em comer, mesmo sem vontade, vai sentir-se mal durante as horas seguintes.

Embora você tenha reorganizado a geladeira e a despensa e possa pegar o que quiser lá, para comer, sugestões são bem-vindas. Então, aí vai o exemplo de um dia na vida de um sucrólatra em recuperação. (Se adivinhar quem é, você não ganha um prêmio.)

Refeição	Conteúdo aprox. frutose (gramas)
Desjejum	
Duas torradas de centeio com manteiga e Vegemite + um copo de leite integral	0,7 (do pão e da Vegemite)
Café da manhã	
Um punhado de castanhas de caju (35) e um copo d'água	1,3
Almoço	
Duas fatias de presunto, duas fatias de queijo e duas folhas de alface sobre pão de massa azeda com manteiga e um copo d'água	0,1 (da alface)
Lanche da tarde	
Uma pera fatiada	4,5
Jantar	
Carne assada com vegetais assados (batata, brócolis e cenoura) e uma taça de vinho branco seco	1,5 (a maior parte da cenoura)
Total do dia	8,1

Esse exemplo tem três pontos importantes:

1. O conteúdo total de frutose do dia é equivalente ao de uma maçã.
2. A frutose sempre contém fibra. É o que acontece com o pão, as castanhas-de-caju e o alimento mais rico – a pera.
3. Se eliminasse a pera, você reduziria à metade o conteúdo de frutose. O mundo não acabaria por causa disso, mas talvez você tivesse problemas em visitar aquele cômodo que é o menor da casa.

Esse deixou de ser um dia típico para mim. Quando comecei a abstinência de açúcar, sempre fazia – por hábito – um lanchinho de manhã e à tarde. Agora, é muito raro. Vencida a dependência de açúcar, não sinto falta do lanchinho. No entanto, essa não foi uma mudança súbita nem consciente. Por estar menos focado na comida, às vezes me esquecia de lanchar. Depois de algum tempo – mais ou menos um ano – o esquecimento ficou mais frequente do que a lembrança. Quando me dei conta, os lanchinhos tinham virado exceção. Se eu comesse alguma coisa no meio da manhã ou da tarde, não conseguia terminar a refeição seguinte. No início da abstinência, porém, esse é um bom exemplo de plano de refeições, ainda que o seu controle de apetite – cada vez mais funcional – eventualmente o force a pular alguma.

Substituir o almoço por uma torta ou o jantar por uma ida ao restaurante não muda muito o resultado, desde que você evite bebidas doces e sobremesas. As quantidades serão reguladas pelo seu sistema de controle do apetite. Se você comer, por exemplo, duas porções de castanhas-de-caju, de manhã, não vai dobrar a porção da tarde. Por quê? Eu vou aparecer e impedir? Não. Porque você tem força de vontade? Não. Porque o seu sistema de controle do apetite vai informar de maneira muito firme que uma porção foi suficiente.

Eis outra grande mudança que você vai perceber, superada a fase de abstinência: a comida deixa de ser o centro das suas preocupações. Você come para viver, e não vive para comer. Isso não significa perder o gosto pela comida. Ao contrário. Eu desenvolvi um apuro no paladar que seria impossível antes, quando o açúcar mascarava tudo. Você vai apreciar mais o sabor do que a intensidade. Vai comer quando sentir fome e, no restante do tempo, pensar em outras coisas. Essa é uma experiência nova para mim e para centenas de pessoas, desde que nos livramos do "Doce Veneno".

Mamãe e papai, o que temos para o almoço?

Se você não tem filhos, sinta-se à vontade para pular esta seção. No entanto, se precisa levar lanche para o trabalho, tem uma ou duas coisas a aprender.

Os fabricantes de alimentos sabem que pais e mães com a agenda apertada querem ter a certeza de que os filhos estão bem alimentados. E os fabricantes também sabem que, quanto mais doce o alimento, mais provável que a criança queira comer. O resultado final são produtos com mensagens nutricionais por fora (na embalagem) e açúcar por dentro. Os seus filhos devem comer o que você come – e não comer o que você não come –, mas não espere que fiquem satisfeitos se você retirar o açúcar da vida deles. Nem por isso você deve deixar de informá-los sobre os malefícios do açúcar; no que se refere a crianças e açúcar, a informação faz muita diferença.

Educação, proibição ou ambos?

Foi feito no Reino Unido, em 2001, um interessante estudo sobre a diferença que um pouco de conhecimento sobre o açúcar fez na saúde de algumas crianças. No estudo, 644 crianças de 32 escolas diferentes foram divididas em dois grupos. Aos participantes de um deles, que estudavam em diferentes escolas e receberam o nome de grupo experimental, foi dito que seriam mais saudáveis se parassem de tomar refrigerante. Aos participantes do outro (o grupo de controle) foi transmitida apenas uma mensagem básica do tipo "não coma gordura e faça mais exercício". No grupo experimental, a mensagem sobre o açúcar foi transmitida em quatro ocasiões, uma vez em cada bimestre, durante as aulas regulares de educação física e saúde. A aula era voltada para a mensagem "beba menos açúcar", enquanto as outras aulas seguiam normalmente.

O grupo de controle, que não recebeu informações sobre açúcar, engordou. Ao fim do ano letivo, havia um aumento de 7,5% no número de alunos com sobrepeso ou obesos. No grupo experimental, houve um aumento um pouco menor no número de crianças obesas ou com sobrepeso: 0,2%. Ninguém forçou as crianças a deixarem completamente de consumir bebidas doces e nem elas fizeram isso; apenas reduziram um pouco o consumo, em média. Um investimento de quatro horas ao longo de um ano evitou que estudantes ficassem mais gordos. Não houve necessidade da ajuda de cães nem de guardas armados. Os pesquisados simplesmente receberam informações sobre os perigos do açúcar.

Outro recente estudo, este na Yale University, experimentou uma tática que os pais, em sua maioria, relutariam em adotar. Em vez de instruir as crianças, retiraram da dieta todas as opções de alimentos ricos em açúcar. Os pesquisadores estudaram um grupo de 89 crianças com idades entre 5 e 12 anos e o que comiam durante o acampamento de férias. Metade do grupo recebeu apenas cereais pobres em açúcar, a outra metade, cereais ricos em açúcar. Ambos os grupos tinham acesso livre a açúcar refinado, morangos, bananas e sucos de frutas.

Os pesquisadores de Yale queriam saber, em primeiro lugar, se as crianças que recebessem cereais com redução de açúcar protestariam, recusando o desjejum. De maneira talvez surpreendente, nenhuma das crianças reclamou. Enquanto isso, no outro grupo, 1% reclamou do excesso de açúcar – que criança diferente! Um fato interessante: as crianças do grupo com redução de açúcar comeram a metade do que comeu o outro grupo. Os primeiros se satisfizeram com a porção de cereal oferecida (uma xícara); os outros consumiram, em média, duas xícaras. Os primeiros acrescentaram açúcar ao cereal e beberam mais suco, e isso foi incluído nos cálculos. Mesmo assim, ingeriram significativamente menos açúcar do que o outro grupo. Não foi o que os pesquisadores fizeram, mas seria uma extensão interessante do estudo retirar da dieta o açúcar refinado e os sucos, oferecendo leite gelado à vontade. Desconfio que o resultado seria ainda mais impressionante. Acredito que as crianças consumiriam o que fosse oferecido, talvez comessem menos cereal e bebessem mais leite, mas o consumo de açúcar seria insignificante.

Os pesquisadores também pediram às crianças que avaliassem o desjejum com notas de 1 a 5, sendo 1 a melhor. A média das notas do grupo com alto consumo de açúcar ficou em 1,5. Talvez você esperasse que as crianças do outro grupo dessem notas mais baixas ao desjejum, mas a média das notas alcançou 1,6. Outro aspecto interessante do estudo foi a retirada da opção, o que muitos pais consideram difícil. Não houve tentativa de moderação ou de convencimento. As crianças não se sentiram infelizes nem morreram de fome. Apenas assumiram a nova realidade. Assim, a análise desses dois estudos leva ao seguinte raciocínio: proibição funciona e informação funciona. Combine proibição com informação e terá encontrado o caminho para crianças saudáveis, livres de açúcar.

Mas os meus filhos não são gordos

Se enfocarmos a proporção na população, há menos crianças obesas do que adultos obesos. Quase dois terços dos adultos estão acima do peso ou são francamente obesos, enquanto nas crianças essa proporção é de apenas um quarto. No entanto, um número significativo de crianças obesas é fato relativamente novo. Na Austrália, em 1985, apenas uma em cada dez crianças apresentava sobrepeso. Em 25 anos, essa relação alcançou uma para quatro. Aos saberem disso, os pais das outras três crianças talvez se sintam orgulhosos. Cuidado, porém: a criança não precisa estar gorda para sofrer os prejuízos causados pelo açúcar.

A fase de crescimento requer muito mais energia do que a fase adulta (conforme a idade). O tamanho do cérebro (pelos primeiros 12 anos, aproximadamente) em relação ao tamanho do corpo indica que as crianças precisam de muito mais energia pura do que os adultos. Uma criança pequena utiliza 45% da energia só para manter o cérebro funcionando, enquanto o adulto usa apenas 25%. (Eu me arriscaria a dizer que alguns usam bem menos.) Acima de tudo, as crianças precisam construir um corpo. Aos 2 anos de idade, elas precisam consumir o equivalente a 65% das calorias consumidas por uma mulher adulta. Aos quatro, são 90%, e aos sete, 100%. Essas calorias vêm de qualquer origem – açúcar, gordura, o que for.

Comer mais do que o necessário e guardar um pouco para reserva é uma proeza para o organismo infantil, só possível por causa do efeito da glicose como redutor do controle do apetite. O fato de três quartos das crianças manterem um peso adequado não significa ausência de danos causados pela frutose. O ácido úrico está sendo produzido, o que eleva a pressão sanguínea e prejudica os rins. As artérias estão se enchendo de ácidos graxos, que abrem caminho para a resistência à insulina, a síndrome do ovário policístico e ao diabetes. A produção de colágeno e elastina sofre, favorecendo a flacidez da pele, uma vez que as meninas ainda não contam com o efeito protetor do estrogênio. Talvez o pior de tudo seja o mau funcionamento do controle do apetite, fazendo com que as crianças se habituem a comer além do necessário e favorecendo a explosão de gordura, quando o crescimento cessa.

Existe um meio confiável de descobrir se as suas crianças estão consumindo açúcar demais. Desde a década de 60 os pesquisadores sabem que as cáries são causadas por um serzinho chamado "Streptococcus mutans" (SM) – uma das 200 a 300 espécies de bactérias que habitam a nossa boca. Mas o SM é um pouco exigente. Tal como o coala, só aceita um alimento. Não, não são folhas de eucalipto; o SM quer açúcar. Para maior precisão, devo esclarecer que o SM gosta de glicose e frutose, exatamente na proporção em que são encontrados no açúcar (50:50). Em centenas de estudos bem controlados, os cientistas conseguiram determinar que, ao alimentar-se de açúcar, o SM produz placas (aquela massa pegajosa que gruda nos dentes) e ácido lático. Em contato com a glicose ou a frutose separadamente, o SM produz apenas o ácido, e não a placa. Sem açúcar e sem placa, não há cárie. O ácido lático danifica o esmalte, mas é a placa que mantém o ácido preso à superfície dos dentes. Sem a placa, a saliva carrega o ácido. Se quiser estragar os seus dentes, a melhor maneira de fazer isso é oferecer constantemente ao SM uma solução de açúcar – refrigerante, suco de frutas ou iogurte com sabor, por exemplo. Os alimentos sólidos com açúcar também são prejudiciais, mas nem de longe têm a eficiência dos líquidos, quando se trata de ajudar o SM a produzir cáries, porque boa parte deles vai para o estômago antes de ser alcançada por ele.

Faz muito tempo, mas, desde que meus filhos eram pequenos, restringi a oferta de açúcar a eles. Esse início precoce foi de grande ajuda quando cresceram e nos mudamos para a cidade. Todos têm bons dentes, e nenhum está acima do peso. E naquele tempo eu nem sabia que a frutose era a vilã.

Hoje é bem mais difícil, sem dúvida. Agora, converso com os meus netos sobre alimentos bons e ruins, e eles certamente são influenciados pelo exemplo. Quando ganharam marshmallows de um colega, ofereci uma troca: dinheiro ou os doces. Eles escolheram o dinheiro!

Os doces foram para o lixo. Nunca dou doces ou chocolates de presente. Na Páscoa, você pode cozinhar ovos e pintar a casca. É divertido!

Às vezes, faço um diagrama para explicar a molécula de açúcar. Prefiro usar o lema "Nada de açúcar hoje" do que dizer "nunca". Acho melhor eles evitarem espontaneamente o açúcar, com base em informação. Sash tomou muito suco de fruta por algum tempo, e ele sabe o que aconteceu a seus primeiros dentes.

Wise23girl

O SM realmente gostou das mudanças na nossa dieta, a partir da Segunda Guerra Mundial. A quantidade de refrigerantes, sucos e leites aromatizados, ricos em açúcar, que consumimos diariamente passou de praticamente nada para quase 1 litro por pessoa. Somente o consumo de refrigerantes mais que dobrou nos últimos 30 anos. Portanto, ainda que os seus filhos estejam conseguindo (até agora) seguir uma dieta rica em açúcar e não engordar, há uma boa chance de que venham a fazer parte da multidão de crianças gordinhas que precisam de tratamento dentário antes dos 12 anos de idade.

Para afastar as crianças do açúcar é preciso disciplina. Sua, e não delas. É no ambiente doméstico que deve haver mais controle. Caso tenha seguido os passos anteriores, você vive em uma casa, de modo geral, livre de açúcar – o que é uma tranquilidade. No entanto, controlar o mundo lá fora pode ser um pouco mais complicado. Há que estabelecer regras lógicas muito claramente (e repetidamente) explicadas. Essas regras não vão impedir os seus queridinhos de consumir um pouco de açúcar quando tiverem oportunidade, mas podem ajudá-los a não exagerar e a desenvolver o gosto por alimentos sem açúcar. Claro que você deve liderar pelo exemplo. Não pode dizer para não comerem um doce na lanchonete e pedir um sorvete de casquinha. Nem proibir doces durante o trajeto entre a escola e a casa e, em seguida, entrar no primeiro supermercado para comprá-los, cedendo às pressões.

Regras úteis para ajudar as crianças a evitarem o açúcar

Todas essas regras devem ser acompanhadas de uma explicação clara dos motivos da proibição do açúcar, em termos compreensíveis e motivadores.

1. **Garanta que a sua casa esteja livre do açúcar.** Esta regra deve ser absoluta. Se ficarem algumas brechas, as crianças – assim como as ovelhas passam pelos buracos da cerca – vão explorar essa fragilidade e você logo estará de volta ao começo. Mantenha-se firme e elas vão aceitar a nova realidade muito mais rapidamente do que você imagina.
2. **Cuide para que na lancheira não tenha açúcar.** Em muitas escolas, as crianças pequenas são supervisionadas na hora da merenda e não podem jogar comida fora, mas só comem se tiverem fome.
3. **Não proíba os produtos de confeitaria.** A proibição aumenta a atração. Em vez disso, estude os produtos oferecidos e ajude as crianças a escolher. Uma vez ou outra elas vão escolher errado, mas isso não é o fim do mundo. As crianças, em geral, esforçam-se para obedecer às regras e, quando não fazem isso, sentem-se culpadas. Por isso, o erro provavelmente não vai virar hábito.
4. **Não tenha medo do novo.** Quando a sua criança chegar em casa dizendo que o coleguinha leva biscoitos na lancheira, não diga "não" automaticamente. Procure saber. Talvez seja um produto sem açúcar ou com baixo teor de açúcar. Você pode se surpreender. E, se for rico em açúcar, explique a negativa. Crianças podem ser muito receptivas.
5. **Encontre outro tipo de recompensa.** Recompensas em comida são simples e bobas. Devem ficar restritas ao adestramento de animais. Vá além. Se as suas crianças "equilibrarem uma bola na ponta do nariz por uma hora", leve-as ao cinema, em vez de oferecer sorvete. Alimento é combustível, e não recompensa.

6. **Prepare as crianças para as festas.** Se você sabe que elas vão estar em um ambiente onde o consumo de açúcar é praticamente obrigatório, converse sobre "excessos". Peça que tomem apenas um copo de suco ou refrigerante, mudando em seguida para água ou refrigerante dietético, se estiverem disponíveis; peça que se encaminhem para as batatas fritas e desviem-se dos doces. Se aceitarem um segundo copo, lá estarão as suas palavras, ecoando nos ouvidos delas. Não proíba que tragam da festa para casa um saquinho de guloseimas, mas regule o consumo do conteúdo.
7. **Não aja como fiscal da adolescência.** Adolescentes seriam capazes de pular na frente de um ônibus se "todo mundo" estivesse fazendo isso. Estabeleça com eles algumas regras secretas, que possam seguir sem parecerem alienígenas. Eis algumas sugestões: quando os colegas estiverem bebendo litros de refrigerante, eles podem ficar com a versão dietética, dizendo que preferem o gosto; no McDonald's ou alguma outra rede de lanchonetes, podem pedir refrigerante dietético ou torta de maçã. Quando forem dormir na casa de amigos – o que pode significar uma maratona de açúcar – mande uma garrafa de refrigerante dietético e um pacote de batatinhas fritas, como presente para o dono da casa. Assim, terão pelo menos uma opção, além de aprenderem a colaborar.

Não espere que os seus filhos nunca provem açúcar. Eles frequentam festas, onde são oferecidas guloseimas, e vão acompanhar os colegas. Se estiverem acostumados a uma alimentação pobre em açúcar, vão estranhar o gosto da frutose e achar tudo muito doce. Mas provavelmente vão comer assim mesmo. Não entre em pânico.

REGRA NÚMERO 5: COMIDA DE FESTA É PARA AS FESTAS

Esta regra parece funcionar bem com crianças. Claro que elas adoram comida de festa. Afinal, não têm acesso a isso todo dia.

Claro que não sou especialista no assunto, mas acredito que as crianças precisem de um pouco de espaço, para se ajustarem. Não espere que elas o indiquem para pai ou mãe do ano. No entanto, lembre que vão acabar convencidas de que o açúcar não faz mais parte da vida delas (nem da sua). E, com o passar dos anos, a satisfação só aumenta.

Dito isso, existem algumas providências que você pode tomar para reduzir drasticamente o açúcar na vida dos filhos, sem fazer com que se sintam como mártires.

Desjejum para crianças

Para o desjejum, as crianças precisam ser afastadas de cereais ricos em açúcar e direcionadas para as opções pobres em açúcar já mencionadas. Minha filha mais velha, de 10 anos, adorava passas (22,7% de açúcar). Hoje, ela come Weet-Bix, um produto rico em fibra e pobre em açúcar. A mudança não foi instantânea; resultou da eliminação de alternativas mais a retirada do açúcar a longo prazo – para o resto da vida. A criança dessa idade é capaz de entender por que não deve engolir cinco colheres de chá de açúcar no café da manhã. Ao retirarmos o açúcar das nossas vidas, fazendo com que as papilas gustativas se ajustassem a sabores mais suaves, ela percebeu como as passas são doces. Eu e minha mulher dissemos que, quando a caixa terminasse, ela precisaria de outro alimento para o desjejum. E paramos de comprar. Experimentamos mudar para All-bran, um cereal à base de farelo de trigo, e acrescentar uma quantidade limitada de passas, mas o teor de açúcar ainda era alto (13,6%). Assim, decidimos mostrar a ela a lista dos produtos mais pobres em açúcar disponíveis. O escolhido foi Weet-Bix, que contém algum açúcar (2,5%), mas representa uma boa redução, além de ser rico em fibras. Sempre que vamos ao restaurante Sizzler, minha filha ainda mergulha nas passas, mas isso só acontece uma ou duas vezes por ano. Nos outros dias, consome satisfeita um bom café da manhã extremamente pobre em açúcar.

Uma criança não morreria de fome só por teimosia. Se as únicas opções forem Weet-Bix ou torrada integral, ela vai escolher um ou outro.

E, se estiver claro que a situação é definitiva, vai ficar com o que mais agradar. Na nossa mesa de café da manhã, temos uma criança que come torrada com queijo (geralmente cheddar e, às vezes, queijo cremoso); duas que comem torrada com abacate; uma que come torrada amanteigada e Weet-Bix; e duas que comem torrada com Vegemite. (Essas duas últimas costumavam apreciar uma tigela de flocos de milho, mas sua marca preferida aumentou há pouco tempo o conteúdo de açúcar para 9%, provavelmente em uma tentativa de competir com os rivais mais doces.) A torrada é de pão multigrãos, e usamos manteiga - não margarina. E todo mundo bebe um copo de leite integral.

No inverno, algumas das nossas crianças preferem um mingau feito com leite e flocos de aveia sem sabor, às vezes acrescido de uma banana. Nada é extraordinariamente saboroso, mas satisfaz, e ninguém sente muita falta dos velhos tempos. Antes, sempre havia cereais no café da manhã, porém esses itens não fazem mais parte da nossa despensa, e as crianças aproveitam as novas possibilidades sem (muita) reclamação. Abacate é a melhor coisa que se pode passar sobre uma torrada. Rico em fibras, quase não contém açúcar. Só não aumentamos o consumo por causa da conta da mercearia. Vegemite é uma boa alternativa; as crianças tendem a gostar, desde que acostumadas desde bem pequenas.

Merenda escolar

A merenda escolar tem de preencher dois requisitos para os pais: ser fácil de preparar e sempre terminar na barriga da criança, e não na lata de lixo. Os fabricantes sabem que porções individuais preenchem o primeiro requisito. Uma boa quantidade de açúcar completa o trabalho.

É pena, mas não existe praticamente uma só barra de granola (um dos mais populares itens da merenda escolar) que possa entrar na lancheira sem fazer a sua criança ingerir grande quantidade de açúcar. Até bolachas com queijo, que aparentemente não contêm açúcar, podem apresentar grandes quantidades. Algumas marcas, porém, são livres de açúcar ou têm pouquíssimo. Qualquer coisa que traga frutas secas está fora; qualquer coisa que inclua bolachas - naturais, de preferência - e queijo está dentro. Nossas crianças não se importam de comer as boas e velhas bolachas. Existe um produto chamado Arnott's BBQ Shapes, por exemplo, que vem em pequenas bolachas. Uma porção de 20 (46 gramas) tem menos de 1 grama de açúcar. Bolachas de arroz são ainda melhores.

Se preferir granola em barra, escolha uma que não inclua frutas na composição. Essas não são completamente livres de açúcar, pois precisam de alguma coisa para "dar liga", mas o conteúdo é muito baixo. Pipoca sem sabor também cabe na lancheira escolar. Pode ser comprada pronta ou feita em casa, com um pouco de óleo.

Fruta fresca é boa escolha, em especial se você se voltar para a parte inferior à direita da figura 2.5 (página 97), onde ficam pera, kiwi e frutas de baga, talvez deixando o limão de fora. Lembre que crianças não devem receber mais de uma porção de fruta por dia. Será essa, portanto. Frutas de baga são ótima opção para crianças, pela facilidade de comer. O problema é o preço. Como maneira de contornar esse problema, você pode comprar as frutas congeladas, em pacotes, no supermercado. Em geral, custam a metade do preço e, se deixadas fora da geladeira durante a noite, estarão à temperatura ambiente pela manhã.

Refeições na escola

	Não use	Use
Recreio	Barras de granola ou cereais industrializadas	Barras de granola sem frutas, pipoca natural, pacotes de bolacha com queijo ou bolachas simples
Almoço	Bolos ou iogurtes industrializados	Sanduíches ou pãezinhos feitos em casa
	Lanchinhos de frutas industrializados	Frutas frescas ou frutas de baga congeladas
Bebidas	Sucos ou refrigerantes	Água
Outras opções	Doces	Nozes ou "fish and chips" Panquecas doces (use a receita da página 219.)

Para o almoço, sanduíches e pães são a solução. Infelizmente, é provável que você não tenha tempo para comidas elaboradas antes da escola. Com um pouco de preparação no fim de semana, porém, as coisas ficam bem mais fáceis. Por exemplo: aproveite a tarde de domingo para preparar pães com abacate (ou frango, ou presunto, ou Vegemite, ou queijo) e guarde imediatamente no congelador, para usar aos poucos durante a semana. Na lancheira, descongelam perfeitamente até a hora do almoço, além de manterem a bebida geladinha. Minhas crianças gostam de levar para o almoço uma combinação que chamamos de "fish and chips": uma lata de atum (ou qualquer outro peixe de preferência) com um pacote pequeno de batatinhas fritas. Evite batatas com sabor, em especial de pimentão doce. Com as bebidas é mais fácil. Encha garrafas com água e congele. Se a criança não beber, é porque não sentiu sede. Para uma criança no intervalo das aulas, a temperatura da bebida é muito mais importante do que o gosto.

Iogurtes cremosos ou líquidos não representam uma boa opção na lancheira nem em casa, por causa do alto teor de açúcar. Iogurtes são sempre muito doces, para disfarçar o sabor naturalmente amargo, que de modo algum agradaria às crianças. Infelizmente, esse alimento não é fabricado com redução de açúcar. A alternativa seria iogurte natural com adoçante artificial – o que recomendo apenas durante o período de abstinência (veja o quarto capítulo). O mesmo se aplica às frutas cozidas, frequentemente servidas em calda, além de serem pobres em fibras, uma vez que são descascadas antes do preparo. Se a sua criança fizer questão, ofereça fruta fresca ou frutas de baga congeladas.

Para lanchinhos extras, bolachas ou nozes são boas sugestões (verifique se a escola dos seus filhos permite nozes). Também é bom ter esses produtos à mão para quando hordas famintas atacarem a despensa, ao chegar da escola. Garotos com fome à tarde comem tudo que encontram pela frente. Portanto, cuide para ter sempre em casa apenas produtos sem açúcar. A vantagem das bolachas e nozes é que, além de vistas pelas crianças como guloseimas, não têm quantidade significativa de frutose. Mas preste atenção, pois, quando o controle do apetite das suas crianças voltar ao normal, o lanche no meio da tarde vai atrapalhar o jantar – por mais que você cozinhe bem.

Cantinas escolares

Ultimamente, muitas cantinas escolares se tornaram "saudáveis", graças ao alerta sobre o aumento da obesidade. Pena que a definição de "saudável" deixe muito a desejar, sob o ponto de vista da quantidade de açúcar. Torta de carne e pãozinho de linguiça não têm açúcar, mas foram banidos dos cardápios da maior parte das cantinas escolares e frequentemente substituídos por saladas e sanduíches encharcados de maionese comercial - ou, pior, maionese sem gordura. Os refrigerantes também foram banidos, e os alunos, incentivados a beber suco de frutas, em geral ainda mais rico em açúcar. Em uma escola próxima à minha casa, a cantina trocou refrigerante por bebidas esportivas, porque "só" têm 4,2% de açúcar em 100 mililitros, enquanto os refrigerantes chegam a 11%. Infelizmente, os 8,4% de açúcar nas garrafas de 200 mililitros das bebidas esportivas são exclusivamente frutose - o mesmo que quatro colheres de chá de açúcar. Os saquinhos de bala desapareceram, mas foram substituídos por frutas secas (75% de açúcar) e muffins de frutas (45 gramas ou 11 colheres de chá de açúcar em cada um, em média). Assim, há possivelmente menos opções de alimentos pobres em açúcar disponíveis nas cantinas "saudáveis" do que havia antes! Veja na página 146 algumas sugestões.

Comida de festa

Crianças gostam tanto de gulodices quanto nós. Festas de aniversário e outras ocasiões especiais pedem comidas especiais. Nas receitas do quinto capítulo, eu me concentrei especialmente nessa área. Bolos de aniversário, sorvetes, cupcakes e coberturas são gostosuras necessárias às crianças, mas só encontradas no comércio com grandes quantidades de açúcar. Por isso incluí receitas para ocasiões especiais; quis oferecer às nossas crianças delícias que tivessem sabor e aparência semelhantes aos que costumam encontrar nas casas dos colegas. E, se eu não tiver incluído alguma das suas preferidas, compre pronta. Afinal, isso não acontece todo dia.

Alimentos bons da cantina escolar	Alimentos maus da cantina escolar
"Muffin", bacon e ovo	Torrada com passas
Sanduíche ou pãozinho com Vegemite	Pãozinho ou sanduíche de geleia ou mel
Pãozinho ou sanduíche de presunto, queijo ou salada	Sanduíches com molho ou maionese
Salada sem molho	Salada com molho
Cachorro quente, torta de carne ou pãozinho com linguiça (todos sem molho)	Salada de frutas
Batata assada (sem maionese)	Iogurtes ou sorvetes
Pipoca (sem sabor)	"Pikelets" ou "muffins"
Água	Bebidas esportivas ou sucos
Leite	Leite aromatizado

As regras

Só para recordar, aqui vai um resumo das regras para uma vida saudável livre de açúcar.

Não coma açúcar

1. Acredite que não está sofrendo privação. Adote a atitude correta (página 46).
2. Não "belisque" alimentos com açúcar (página 49).
3. Uma vez sucrólatra, sempre sucrólatra. Não consuma nem um pouquinho de açúcar (página 79).
4. Não se preocupe com o teor de gordura dos alimentos, a não ser para eliminar os que apresentarem redução de gordura (página 92).
5. Comida de festa é para festas (página 140).

Capítulo 4

O QUE É ISTO, AFINAL? O MUNDO DOS ADOÇANTES SUBSTITUTOS

Como sucrólatra em recuperação, você com certeza tomará o rumo dos alimentos adoçados artificialmente. Ao descobrir que o seu iogurte favorito apresenta uma opção "diet", vai pensar ter encontrado um caminho fácil para superar o período de abstinência. Ou vai – eu fiz isso – usar bebidas adoçadas artificialmente como apoio para interromper o hábito associado ao consumo de açúcar. Embora os alimentos adoçados artificialmente sejam excelentes recursos durante o período de abstinência, não servem como solução a longo prazo. A boa notícia é que, no fim do período de abstinência, você terá perdido por inteiro a vontade de comer doces e provavelmente não consumirá quantidades significativas de alimentos adoçados artificialmente. A má notícia é que, às vezes, essa é a única opção isenta de açúcar disponível.

Não gosto muito do termo "adoçante artificial". O nome dá a impressão de que outros adoçantes (açúcar, suco de fruta ou xarope de milho de alta frutose) são, de certo modo, naturais, com todas as vantagens que o termo sugere. No entanto, nada existe de natural em extrair açúcar da cana. Experimente mastigar um pedaço de cana-de-açúcar e vai perceber a quantidade de fibras.

"Adoçante substituto" me parece uma descrição mais apropriada. Essas substâncias entram no lugar do açúcar, propondo-se a fazer o trabalho dele. Na verdade, o próprio açúcar é um substituto (do mel), mas não vamos ser tão técnicos. Adoçantes substitutos são criados com base em vários níveis de tecnologia – de produção caseira a grandes laboratórios – com o único propósito de acrescentar doçura aos alimentos que não têm esse sabor naturalmente. Para o sucrólatra em recuperação, existem três categorias de adoçante substituto: absolutamente seguros; seguros em porções limitadas ou por um período limitado (você decide); inseguros em qualquer circunstância.

Você decide

O adoçante de alta intensidade chega a ser milhares de vezes mais doce do que o açúcar. Nosso organismo consegue metabolizar alguns tipos, outros não. No entanto, isso não tem grande importância, porque a quantidade necessária é muito pequena - geralmente menos de um décimo de grama em uma porção típica de refrigerante. Esse tipo de adoçante é mais encontrado em refrigerantes e iogurtes, mas pode entrar na composição de qualquer produto. A maior parte não aparece com o nome técnico nos rótulos de produtos, e sim com o nome de marca - Splenda para a sucralose, por exemplo - ou, mais frequentemente, sob um número, que no caso do aspartame é #951. O uso de adoçantes artificiais aumentou drasticamente nas duas últimas décadas (veja a figura 4.3). O americano médio vem comendo mais 21 quilos de açúcar por ano (mais de 10,5 quilos de frutose)!

Seguros	Você decide	Inseguros	
Dextrose	Acessulfame de potássio (#950)	Dextrina de trigo	Mel
Glicose	Alitame (#956)	Dextrina resistente	Melaço
Lactose	Aspartame (#951)	Extrato de suco de fruta	Polidextrose
Maltodextrina	Aspartame-acessulfame (#962)	Frutose	Sacarose
Maltodextrose	Ciclamatos (#952)	Inulina	Sorbitol (#420)
Maltose	Eritritol (#968)	Isomalte (#953)	Xarope de agave
Xarope de glicose	Estévia (#960)	Lactitol (#966)	Xarope de bordo
	Neotame (#961)	Litesse	Xarope de milho
	Sacarina (#954)	Maltitol (#965)	Xarope de milho de alta frutose
	Sucralose (#955)	Manitol (#421)	Xarope dourado
	Xilitol (#967)		

Figura 4.1: Adoçantes substitutos

No meu livro *Sweet Poison*, analisei a história de alguns dos principais adoçantes e mostrei que os estudos sobre sua toxicidade – ou não – tem pouca comprovação. No momento em que escrevo este livro, todos os adoçantes aqui mencionados são permitidos na Austrália e na Nova Zelândia, por exemplo. Durante o meu período de abstinência, considerando-me preparado para enfrentar possíveis problemas, decidi usar adoçantes, para interromper hábitos desenvolvidos em torno do consumo de açúcar. Achei que não morreria em três ou quatro semanas e parece que tive razão. (Batendo três vezes na madeira.)

Produto	#950 Acessulfame K	#951 Aspartame	#952 Ciclamato	#954 Sacarina	#955 Sucralose	Polióis
Frutas em geleia ou xarope			✓	✓		
Balas de hortelã e gomas de mascar	✓	✓				✓
Maioria de refrigerantes dietéticos	✓	✓			Ocasionalmente	
Pepsi Light e Diet Coke		✓				
Energéticos	✓					
Iogurtes	✓	✓			Ocasionalmente	
Sorvete	✓				✓	✓

Figura 4.2: Alimentos de baixa caloria mais comuns e os adoçantes geralmente utilizados

No entanto, desde a publicação de *Sweet Poison*, foram feitas algumas pesquisas interessantes, para descobrir se os consumidores daqueles produtos químicos são realmente mais saudáveis. E as respostas não são o que os fabricantes de bebidas gostariam de ouvir. O mercado de bebidas dietéticas, em especial, vem em maciço crescimento. Adoçantes de alta intensidade atualmente respondem por 5% do mercado, quando medidos em termos de quantidade de açúcar (ou xarope de milho de alta frutose) que estão substituindo. Faz sentido; com quatro indivíduos acima do peso em cada grupo de cinco, a preocupação é geral. Refrigerantes dietéticos fazem mal ou não? Algumas pesquisas recentes sugerem que sim, e as suspeitas de que aspartame causaria câncer – de que não encontro indícios confiáveis – é talvez a menor das preocupações em relação aos adoçantes de alta intensidade.

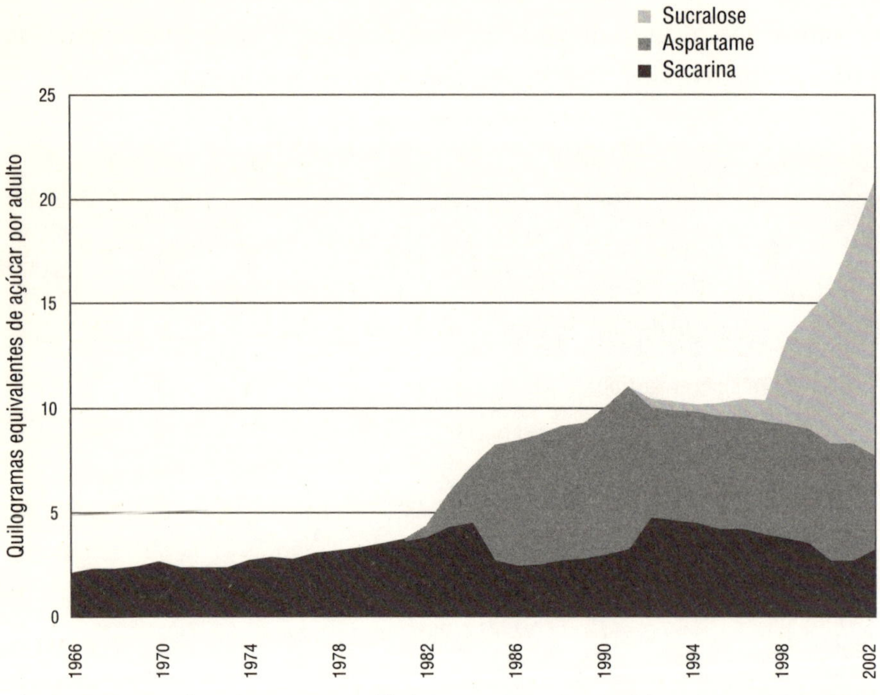

Figura 4.3: Uso de adoçantes artificiais nos Estados Unidos entre 1966 e 2002

Recentemente foram feitos três importantes estudos sobre o consumo de refrigerantes dietéticos e seus possíveis malefícios. O que se pretendeu analisar foram os resultados de pelo menos oitos pesquisas importantes, feitas entre 1989 e 2002. Segundo essas pesquisas, indivíduos que comiam e bebiam produtos de baixa caloria não eram mais magros do que os consumidores das versões integrais dos mesmos produtos. E isso parece verdadeiro.

Os três estudos analisam estatisticamente as respostas dadas ao longo de alguns anos a questionários sobre saúde e estilo de vida. Não é preciso, porém, ser um Einstein para perceber a falta de rigor científico. Não há grupo de controle, e pode haver a interferência de numerosos fatores. No entanto, alguns desses fatores podem ser eliminados e, desde que não se levem os resultados ao pé da letra, surgem daí bons indicadores para um trabalho mais detalhado.

O mais recente estudo até este momento analisou uma base de dados de 6.814 americanos de várias raças. Os pesquisados responderam ao questionário quatro vezes em um período de oito anos (2000-2007). Depois de cada questionário – que, entre outras coisas, pretendia saber quantos refrigerantes dietéticos eram consumidos por dia –, os participantes passavam por três exames físicos. Os resultados foram realmente interessantes. Conforme esperado, nenhum deles emagreceu mais do que os consumidores de bebidas com açúcar. Muito mais preocupante, porém, foi o fato de o risco de diabetes tipo 2 não se ter reduzido, também. Uma lata (ou mais) de refrigerante dietético por dia aumentou em 67% o risco de diabetes tipo 2 – aproximadamente o mesmo aumento observado em quem bebia diariamente uma lata ou mais de refrigerante com açúcar.

Os consumidores de bebidas dietéticas não tiveram aumento no risco para outros marcadores da ingestão de frutose (pressão sanguínea, doença cardíaca ou acidente vascular cerebral), mas, em termos de peso (em particular adiposidade central ou gordura abdominal – o tipo mais perigoso) e diabetes tipo 2, não se saíram melhor do que o outro grupo. Os pesquisadores não tinham controle sobre o tipo de adoçante empregado. Provavelmente, tratava-se de uma mistura dos vários utilizados em refrigerantes (aspartame, sucralose e sacarina), mas, como o estudo foi observacional, não se sabe ao certo o que causou o resultado. Apesar das muitas teorias a respeito – da psicologia à bioquímica hormonal –, a realidade é que, por enquanto, nada foi provado definitivamente. A conclusão é que provavelmente alguns (ou todos) os adoçantes utilizados para substituir o açúcar em refrigerantes nos engordam e conduzem ao diabetes, tanto quanto o próprio açúcar. A vantagem é que realmente reduzem a gordura nas artérias e, por consequência, a probabilidade de morte por doença cardíaca ou acidente vascular cerebral. No entanto, a água teria a mesma função.

Claro que são necessários novos estudos, com grupos de controle e grupos experimentais. Precisamos de estudos para descobrir se os efeitos negativos surgem apenas com alguns adoçantes ou com todos – o que talvez indique um problema psicológico, e não químico.

Os principais adoçantes de alta intensidade

Sacarina (adoçante **#954**), o mais antigo adoçante de alta intensidade, foi descoberto acidentalmente em 1878 por cientistas da John Hopkins University, nos Estados Unidos, que estudavam derivados do alcatrão. A sacarina foi banida no Canadá, mas é permitida na Austrália. Trata-se de um produto cerca de 300 vezes mais doce que o açúcar, que no entanto deixa um desagradável gosto metálico na boca. Essa característica limitou seu potencial de mercado apenas aos diabéticos, que não tinham escolha. Somente em 1937, foi descoberta uma solução parcial: ciclamato.

Ciclamato (adoçante **#952**) é muito menos doce que a sacarina, e apenas 50 vezes mais doce que o açúcar. Também deixa um gosto desagradável, mas não tão forte quanto o da sacarina. Quando se misturam esses dois produtos, um disfarça o gosto do outro. Essa combinação (dez partes de ciclamato para uma parte de sacarina) foi comercializada em restaurantes como substituta do açúcar sob a marca "Sweet'n Low" e usada no primeiro refrigerante sem calorias – "TaB", lançado pela Coca-Cola em 1963. O ciclamato está banido nos Estados Unidos, mas liberado na Austrália. Ciclamato e sacarina foram donos do mercado até 1981, quando o aspartame (aspartilfenilalanina) recebeu a aprovação da Food and Drug Administration dos Estados Unidos.

Aspartame (adoçante **#951**) tem gosto semelhante ao do açúcar e o mesmo número de calorias, mas adoça 200 vezes mais. Por isso as fábricas de refrigerantes conseguem substituir os 40 gramas de açúcar (e as 220 calorias) de uma lata por menos de um quarto de grama de aspartame, o que corresponde a somente uma caloria. Diferentemente do ciclamato e da sacarina, o aspartame é digerido pelo organismo, em vez de passar direto. O aspartame, comercializado sob os nomes "Nutrasweet" e "Equal", é o adoçante mais usado em refrigerantes dietéticos. Eu mesmo consumi grandes quantidades, no período em que me livrava do hábito de beber refrigerante.

Alitame (adoçante **#956**) e **neotame** (adoçante**#961**) são substâncias desenvolvidas no início da década de 80. Tal como o aspartame, eles se baseiam no ácido aspártico, um componente químico de várias proteínas vegetais. O alitame é 2 mil vezes mais doce que o açúcar e cerca de dez vezes mais doce que seu irmão mais velho, o aspartame. O neotame é até 13 mil vezes mais doce que o açúcar. Nem alitame nem neotame quando cozidos são estáveis como o aspartame. No entanto, diferentemente deste, não produzem fenilalanina quando digeridos. Assim, não precisam trazer advertência aos portadores de fenilcetonúria. O alitame tem o uso aprovado na China, Austrália e Nova Zelândia, mas não nos Estados Unidos. O neotame foi aprovado nos Estados Unidos em 2002, e é também aprovado na Austrália e Nova Zelândia.

Sucralose ou **triclorogalactossacarose** (adoçante **#955**) é açúcar clorado, por isso chamado de açúcar pelo marketing. Tecnicamente é mesmo, mas terminado o processamento, não mais que qualquer carboidrato. Com sabor 600 vezes mais doce que o açúcar, a sucralose é comercializada como "Splenda" e foi aprovada para uso na Austrália em 1993 e nos Estados Unidos em 1998. Tal como o aspartame, a sucralose tem o mesmo número de calorias do açúcar e é digerida pelo organismo. No entanto, por adoçar três vezes mais que o aspartame, usa-se menor quantidade para obter o mesmo efeito. A sucralose é empregada em refrigerantes, mas mais frequentemente em alimentos de baixa caloria, por causa de sua semelhança com o açúcar, quando cozida.

Acessulfame de potássio (adoçante **#950**), às vezes chamado de Ace K, é considerado um ótimo componente, pois ajuda a melhorar o sabor de outros adoçantes de baixa caloria. Foi empregado pela primeira vez em refrigerantes no ano de 1998, mas seu sucesso se deve à combinação com aspartame em quase tudo.

Têm sido realizados testes para esclarecer a questão adoçante/ganho de peso. Susan Swithers e Terry Davidson, da Purdue University, em Indiana, fazem experimentos com ratos, para comparar os animais alimentados com iogurte adoçado com glicose a outro grupo que consome iogurte adoçado com sacarina. Susan e Terry são psicólogos comportamentais que pretendem determinar se o ganho de peso observado nos consumidores de adoçante de alta intensidade tem como base o comportamento. Segundo sua teoria, nós (ou os ratos, pelo menos) evoluímos para associar o sabor doce à energia. Assim, ao sentirmos um sabor adocicado, disparamos uma cadeia de respostas fisiológicas que regula quanto comemos e quanta energia gastamos. De acordo com essa associação, se consumirmos alimentos doces sem gastar a energia equivalente, o esquema fica prejudicado. Para compensar, comemos ainda mais e nos exercitamos ainda menos, ou seja, o sabor doce nos predispõe ao uso da energia: a insulina é liberada em preparação para a elevação do nível de glicose no sangue, e vários outros hormônios se preparam para produzir combustível. Quando esse combustível não aparece, rompem-se as ligações entre sabor e resposta, e o gosto doce deixa de provocar a esperada liberação dos hormônios apropriados. Isso não significa que adoçante engorda; o que faz engordar é a própria alimentação, porque o organismo não está preparado para a digestão.

A julgar pelos estudos mencionados, seria de esperar que ambos os grupos de ratos ganhassem peso. No entanto, Susan e Terry estavam comparando adoçante com glicose, e não com a combinação glicose/frutose usada para adoçar refrigerantes não dietéticos. Estudos na população demonstraram que os refrigerantes adoçados com açúcar e os dietéticos engordam na mesma proporção. No estudo com ratos, os que consumiram sacarina ganharam peso, mas os alimentados com glicose não – os que não estavam em fase de crescimento, é claro – embora todos comessem aproximadamente a mesma quantidade de iogurte. Assim, parece que a razão de o grupo da sacarina engordar mais do que o grupo da glicose foi ter comido mais de tudo (ambos os grupos tinham acesso ilimitado a ração de rato), e *não* do alimento doce. Os pesquisadores também observaram que os ratos da glicose eram mais ativos do que os ratos da sacarina.

Segundo os pesquisadores, esses resultados fundamentam a teoria de desconexão psicológica levando a desequilíbrios hormonais, mas fizeram questão de enfatizar que era difícil ter certeza. Apesar das minhas dúvidas, acredito que o estudo traga ideias interessantes sobre a comparação entre ratos alimentados com glicose e ratos alimentados com sacarina.

Estévia (adoçante #960)

A estévia não circulava nos Estados Unidos quando dos estudos ligando adoçantes de alta intensidade ao diabetes. Portanto, não há como saber se os resultados seriam os mesmos. Se a ligação for psicológica, a resposta é provavelmente "sim". Se for química, porém, a resposta pode ser diferente.

O nome científico da estévia é Stevia rebaudiana, uma prima do girassol nativa das Américas Central e do Sul. As folhas de estévia contêm esteviosídeo (330 vezes mais doce que o açúcar) e rebaudiosídeo (450 vezes mais doce que o açúcar), resultantes da combinação de duas moléculas de glicose com uma molécula de esteviol. A extrema doçura vem do esteviol; o restante é glicose. Assim, pela perspectiva da frutose – inexistente – nada há de errado com a estévia. A questão é se esteviol em grande quantidade traz algum efeito negativo. No Japão, há mais de 30 anos a estévia é o adoçante mais usado (inclusive na Diet Coke). Na Austrália e Nova Zelândia, a estévia está liberada desde 2008, e estudos feitos em vários países sugerem que se trata de uma substância segura em quantidades normais.

Minha única preocupação com a estévia é o fato de os pesquisadores não saberem o que o corpo humano faz com o esteviol. Eles não consideram significativos os efeitos sobre a insulina e os níveis de glicose no sangue. Minha impressão geral, depois da leitura dos relatórios, foi semelhante à que expressei em "Sweet Poison", em relação aos adoçantes artificiais: o tempo de uso ainda é muito curto para termos certeza. Pense em 30 anos atrás. Eu consumiria um produto adoçado com estévia? Provavelmente, se precisasse de um gostinho doce, mas não faria disso um hábito.

Para um sucrólatra em recuperação, a resposta à questão adoçante/ganho de peso está razoavelmente clara (até prova em contrário). Adoçantes de alta intensidade não parecem, por si só, responsáveis pela perda de peso. E também não parecem reduzir o risco de diabetes tipo 2. São menos mortais do que a frutose, pois não enchem as artérias de gordura e tudo indica que não produzem uma resposta de cortisol. Uma vez que a resposta de cortisol representa pelo menos parte da razão para o caráter viciante da frutose, os adoçantes de alta intensidade podem ser usados para interromper a dependência, tomando o lugar do açúcar nos hábitos desenvolvidos. No entanto, não devem ser adotados como substitutos a longo prazo.

Sempre que possível, substitua alimentos adoçados com açúcar por outros adoçados com glicose, em vez de usar adoçantes artificiais. Quando impossível – e eu suspeito de que, enquanto o estilo de vida livre de açúcar não se tornar popular, isso vai acontecer às vezes –, o jeito é recorrer aos adoçantes artificiais. Lembre, porém, que não deve fazer isso por muito tempo, uma vez que ganho de peso e diabetes são danos importantes causados por eles. A boa notícia é que, eliminada a dependência, você vai perceber melhor o gosto que deixam na boca e provavelmente decidir abandoná-los.

Inseguros

Uma das prováveis tentações durante o período de abstinência, se você entrar em um mercado, serão os produtos sem açúcar que ficam perto do caixa: balas e gomas de mascar. Você sabe do que estou falando. A propaganda anuncia que esses produtos não prejudicam os dentes e melhoram o hálito, além de não conterem açúcar. O que mais o comprador poderia querer?

São dois os principais tipos de adoçantes usados nesses produtos: adoçantes de alta intensidade (acessulfame de potássio, aspartame, alitame e sucralose) e vários alcoóis de açúcar (sorbitol, isomalte, manitol, maltitol).

Álcool de açúcar (poliol)

Os alcoóis de açúcar (também chamados de polióis) são derivados químicos do açúcar que diferem de seus parentes compostos por possuírem um grupo álcool; em outras palavras, são parte álcool, parte açúcar. Manitol, por exemplo, é o poliol da frutose, e maltitol é o poliol da maltose. Em gomas de mascar sem açúcar e produtos similares, os polióis são o adoçante dominante, sobretudo por causa da consistência. Eles ocupam o mesmo espaço e comportam-se como o açúcar. Os "alimentos" que eles imitam são quase 90% açúcar (e borracha, no caso da goma de mascar), de modo que os polióis precisam agir como o açúcar.

Como grupo, polióis não são doces como açúcar e representam aproximadamente a metade das calorias. Não que sejam pouco calóricos por natureza, mas simplesmente porque só conseguimos digerir de metade a dois terços do poliol. Assim, cerca de 65% do sorbitol ingerido chega à corrente sanguínea; os outros 35% alimentam as bactérias do intestino grosso, resultando em formação de gases e em diarreia. Por isso às vezes entra na composição de laxantes "naturais" e por isso muitos produtos contendo polióis trazem uma advertência acerca de um potencial "efeito laxativo". Os adoçantes de alta intensidade aceitam bem a combinação com polióis, que são pouco doces e ajudam a mascarar o gosto deixado na boca por eles. Além disso, provocam na língua uma sensação refrescante ótima para os produtos com sabor hortelã. Assim, os polióis dão consistência e refrescam o hálito, além de disfarçarem determinados sabores. Os outros adoçantes respondem pelo gosto doce. Portanto, embora não pareçam, aqueles produtos arrumados junto da caixa do supermercado representam um triunfo da moderna indústria química, e não necessariamente uma preferência.

Os alcoóis de açúcar (polióis) comuns

Sorbitol (adoçante **#420**) tem a metade da doçura do açúcar. De sua constituição, 65% vão para a corrente sanguínea e são imediatamente metabolizados em frutose pelo fígado. O sorbitol é frequentemente o adoçante usado em xaropes sem açúcar para tosse. Costuma também ser incluído na fórmula de laxantes, pois estimula os movimentos dos intestinos e manda a água para o intestino grosso. Assim, mesmo em pequenas quantidades, pode agravar a síndrome do cólon irritável.

Isomalte (adoçante **#953**) tem a metade da doçura do açúcar. Sua composição consiste em duas moléculas de glicose, uma molécula de sorbitol e uma molécula de manitol. Sorbitol e manitol são metabolizados em frutose.

Manitol (adoçante **# 421**) tem a metade da doçura do açúcar. É o poliol da frutose, metabolizado como se fosse frutose.

Lactitol (adoçante **#966**) tem 40% da doçura do açúcar e não ocorre naturalmente. É o poliol da lactose feito pelo homem. Diferentemente dos outros, o lactitol não é absorvido pelo sistema digestivo. Em vez disso, alimenta as bactérias do intestino grosso, agindo assim de maneira quase idêntica à inulina e à polidextrose (veja a página 160), pois bombeia os ácidos graxos para a corrente sanguínea por meio da absorção no intestino grosso.

Maltitol (adoçante **#965**) tem quase a mesma doçura do açúcar e é metabolizado para glicose e sorbitol. Diferentemente de outros polióis, o maltitol não tem efeito refrescante.

Quando você vê sorbitol em um rótulo, o seu corpo vê frutose (bem, 65% de frutose). Quando vê maltitol, o corpo vê glicose (50%) e frutose

(50%). Parece com açúcar, mas um pouco menos é absorvido. E, com maltitol, você obtém o benefício extra dos gases (desde que consuma mais de 10 a 20 gramas por dia). Quando você vê isomalte no rótulo, o seu corpo vê glicose (50%), frutose do sorbitol (25%) e frutose (25%). Parecido com o açúcar, mais uma vez. Claro que esses produtos – bem como outros – têm menos calorias do que produtos que tenham quantidades equivalentes de açúcar, uma vez que nem tudo chega à corrente sanguínea. Mas, se a sua intenção é evitar a frutose, pode obter o mesmo efeito cortando pela metade o consumo de açúcar e tomando meio comprimido de laxante. Estou exagerando, mas você pegou a ideia. Sucrólatras em recuperação devem evitar produtos que tenham sorbitol, isomalte, maltitol e manitol. Como esses produtos são metabolizados para frutose, você não estaria contribuindo em nada para interromper a dependência de açúcar.

Alcoóis de açúcar (polióis) seguros

Eritritol e xilitol são exceções, quando digo para evitar polióis. O eritritol é amplamente ignorado e passa direto por todas as rotas possíveis da digestão. Na verdade, são poucos os testes com essas substâncias, e sinto uma aversão natural em relação a coisas que parecem boas demais para ser verdade. Pelo que indicam as experiências científicas, o eritritol não causa os mesmos malefícios da frutose nem outros. Também não parece haver muito a reclamar do xilitol, a não ser o preço e os aspectos negativos para os animais (veja o quadro abaixo). Ainda assim, eu não usaria. A glicose custa um décimo do preço e aciona o nosso controle do apetite.

Eritritol e xilitol

Eritritol (adoçante **#968**) é um poliol fermentado da glicose. Assim como outros polióis, tem a metade da doçura do açúcar; a diferença está na ausência de valor calórico. Estudos sobre seu metabolismo demonstram que cerca de 90% são absorvidos pelo intestino delgado, enquanto 10% chegam ao intestino grosso. Os 90% são ignorados pelo fígado e aparecem intactos na urina. Os 10% são ignorados pelas bactérias intestinais e aparecem nas fezes.

Xilitol (adoçante **#967**) é aproximadamente tão doce quanto o açúcar, mas só tem cerca de dois terços da quantidade de calorias – uma vez que é essa a fração absorvida. Assim, embora tenha menos calorias, não é exatamente um "adoçante de baixa caloria". O xilitol resulta da fermentação da xilose, um açúcar encontrado nos embriões da maior parte das plantas comestíveis. As bactérias da boca responsáveis pelas cáries não gostam do xilitol. Por ter sido comprovado que retarda consideravelmente o crescimento daquelas bactérias, o xilitol é bastante usado em gomas de mascar que prometem combater as cáries. No entanto, o fato de custar dez vezes mais que o açúcar comum restringe seu uso comercial.

O fígado converte rapidamente o xilitol em xilose outra vez e, em seguida, em glicose. Como apenas dois terços são absorvidos, a ingestão de 130 gramas de xilitol por dia causa diarreia, no que parece ser o único efeito negativo em seres humanos. Com cachorros, porém, a coisa muda.

Estudos recentes indicam que, se ingerirem mais de 1 grama de xilitol por massa corporal, os cachorros correm risco mortal de queda de açúcar na corrente sanguínea (levando à morte) ou falência do fígado (é, morte novamente). Os resultados não puderam ser replicados em ratos, cavalos, macacos rhesus nem seres humanos (acredito em falta de voluntários), mas acho melhor deixar o seu cãozinho longe de gomas de mascar sem açúcar (se contiver xilitol). Não foram feitos testes em gatos. Portanto, se não quer que o seu gatinho seja personagem de um interessante trabalho publicado em revista científica, é boa ideia tomar a mesma precaução com ele.

Polidextrose, inulina e dextrose de trigo

As duas principais moléculas de açúcar são frutose e glicose. As plantas produzem açúcar para converter a luz do sol em energia. Para armazenar essa energia, as plantas juntam esses açúcares simples em longas cadeias. As cadeias compostas essencialmente de glicose são chamadas glucanos. A polidextrose (adoçante **#1.200**), um glucano produzido pelo homem, compõe-se de uma longa cadeia de moléculas de glicose com cerca de 10% de sorbitol na extremidade. A dextrina de trigo é uma cadeia de moléculas de glicose também desenvolvida pelo homem. A celulose, a parte dura, pegajosa e não digerível das plantas - geralmente chamada de fibra - é também um glucano. O amido, outro glucano importante, presente na base da maior parte dos carboidratos que comemos, já foi o mais frequente na nossa alimentação diária. Os animais, assim como nós, armazenam energia em forma de glucanos. Quando há glicose demais na corrente sanguínea, produzimos glicogênio (um glucano) e armazenamos em volta do fígado, como um suprimento de glicose para curto prazo.

A polidextrose é cada vez mais utilizada ao lado de adoçantes artificiais em alimentos "livres de açúcar". Diferentemente dos polióis, a polidextrina não é doce. Sua função é melhorar a textura dos alimentos, sendo frequentemente empregada para substituir o açúcar, o amido e a gordura em alimentos como bolos, doces, iogurtes e sorvetes. Na Austrália e Nova Zelândia, a polidextrose passou a ser contada como fibra, em vez de açúcar, o que agradou aos fabricantes pelo marketing que podem fazer nos rótulos dos produtos.

Um fabricante de sorvete, por exemplo, pôde substituir um rótulo que informava "26,2% de açúcar" por outro que diz "8,7% de açúcar + 8,4% de fibra" (e alguns adoçantes artificiais - no caso sorbitol, acessulfame de potássio e sucralose). O novo rótulo causa melhor impressão.

As cadeias de açúcar compostas essencialmente de frutose são chamadas frutanos. Ninguém sabe por que algumas plantas armazenam açúcar em forma de frutanos e outras armazenam em forma de glucanos. Os pesquisadores supõem que possa haver ligação com a tolerância à seca. Os frutanos são mais comuns em cebolas e outros tubérculos, como a chicória, mas também são encontrados em cevada, trigo, alcachofra e aspargos. Estão presentes, em maior ou menor quantidade, em cerca de 15% das plantas. Um frutano que frequenta as listas de ingredientes de alguns alimentos é a inulina, às vezes chamada de extrato de chicória ou fruto-oligossacarídeo. A inulina é uma cadeia com aproximadamente 60 moléculas de frutose e uma molécula de glicose.

Por que os responsáveis pelo marketing gostam tanto de frutanos e glucanos

Nosso corpo não tem as enzimas (as tesouras) necessárias para fracionar um frutano, como a inulina, ou um glucano, como celulose, dextrina de trigo ou polidextrose. Temos enzimas para açúcar, frutose, glicose e amido. Assim, quando consumimos esses açúcares, eles recebem tratamento imediato no intestino delgado. No entanto, quando ingerimos inulina, dextrina de trigo e polidextrose, essas substâncias atravessam o intestino delgado e chegam ao intestino grosso, servindo de alimento para as bactérias que vivem lá. Embora não seja glucano nem frutano, o lactitol se comporta exatamente do mesmo modo; não podemos digeri-lo, mas as bactérias do intestino podem.

As bactérias intestinais adoram frutanos e glucanos e atiram-se furiosamente sobre eles, convertendo-os em ácidos graxos (que chegam à corrente sanguínea) e em gases (que... bem, você pode imaginar). Alimentadas, as bactérias boas do intestino tendem a se multiplicar. Por isso a inulina, a dextrina de trigo e a polidextrose são chamadas de prebióticos. Diferentemente destes, os probióticos – Yakult, por exemplo – são apenas bactérias engarrafadas (para quando o intestino estiver preguiçoso).

Todas essas substâncias contam como fibras – e não como açúcares – nos rótulos. Isso, combinado ao fato de poderem ser anunciados como prebióticos, faz com que os produtos em que são utilizados pareçam muito mais saudáveis. Os fabricantes de iogurtes também usam essa contagem, pois podem reduzir os conteúdos de açúcar e gordura (no rótulo, pelo menos) sem afetar o sabor. Os fabricantes de alimentos para dieta também costumam usar inulina, dextrina de trigo e polidextrose por sua propriedade de disfarçar o gosto dos adoçantes artificiais e pela possibilidade de anunciar o produto como saudável, um prebiótico rico em fibras.

Inulina, dextrina de trigo e polidextrose são ricas em açúcar, mas nosso sistema digestivo não consegue processá-las diretamente. Quem faz esse trabalho são as bactérias intestinais, produzindo ácidos graxos que chegam à corrente sanguínea. Segundo pesquisas recentes, os ácidos graxos assim liberados não acionam a resposta de supressão do apetite – ao contrário da gordura da alimentação, que tem essa capacidade. O hormônio que nos avisa quando chega de comer (colecistocinina) é liberado no intestino delgado. Assim, quando inulina, dextrose de trigo e polidextrose passam por lá, não são detectadas, pois só se transformam em gordura e são absorvidas no intestino grosso, onde não existe a presença de colecistocinina.

Isso significa que vários caminhos podem levar ao mesmo destino. Não importa se é o fígado (quando ingerimos frutose) ou são as bactérias (quando ingerimos inulina, dextrina de trigo e polidextrose) que enchem de ácidos graxos as nossas artérias, uma vez que nenhuma das situações aciona uma resposta hormonal para a supressão do apetite. Além dos evidentes danos causados pela gordura consumida em excesso, acredito que não sabemos o suficiente sobre inulina, dextrose de trigo e polidextrose, para definir se são tão prejudiciais quanto a frutose pura. Eu evito alimentos que contenham essas substâncias e aconselho os sucrólatras em recuperação a fazerem o mesmo. Isso não significa evitar cebolas e aspargos, pois o nosso organismo está adaptado para ingerir as pequenas quantidades de frutanos contidas nesses alimentos – assim como estamos adaptados a comer a fruta inteira. De todo modo, deixo de lado tudo que traga no rótulo lactitol, polidextrose, dextrina de trigo, chicória, inulina, fruto-oligossacarídeos ou gluco-oligossacarídeos, inclusive muitos pães e iogurtes.

'OS

sucrólatra em recuperação, os únicos açúcares seguros são alactose (que é metabolizada como glicose). A molécula de glicos[illegible] nica e, embora se encontre glicose em pó no laboratório, é artigo raro nas prateleiras de supermercados. Acontece que ela é apresentada em várias versões, sob vários nomes. O monohidrato de dextrose é uma versão em pó da glicose, vendida em pacotes de 1 quilo no setor de culinária do supermercado. É a isso que me refiro, quando menciono dextrose na seção de receitas: uma molécula de glicose + uma molécula de água.

O mais próximo que se pode chegar da glicose pura (na maior parte dos supermercados) é o xarope de glicose. O produto provavelmente fica no setor de culinária, perto do cacau e das essências. Outra variação da glicose é frequentemente usada para dar consistência a alimentos processados, e aparece no rótulo como maltodextrina ou maltodextrose – uma cadeia molecular mais longa (cerca de 20). Em contato com a saliva, a substância se decompõe em maltose (duas moléculas de glicose) e é digerida como se fosse glicose pura. A maltodextrina não é doce – na verdade não tem gosto. Os fabricantes a utilizam para dar consistência a alimentos que tiveram o açúcar substituído por adoçantes de alta intensidade. Uma pitada de sucralose (600 vezes mais doce que o açúcar) ocupa muito menos espaço que o açúcar. Daí a necessidade de uma substância neutra para preencher o espaço que sobra. A maltodextrina é perfeita para isso.

Nome	Número de moléculas de glicose
Glicose	1
Monohidrato de dextrose	1
Maltose	2
Maltotriose	3
Maltodextrina ou maltodextrose	~4-20
Polidextrose e dextrina de trigo	~20-80
Amido e celulose	1,000s

Maltodextrina versus dextrina de trigo

Não se deve confundir maltodextrina com dextrina de trigo. As duas são longas cadeias de moléculas de glicose, mas na dextrina de trigo as ligações químicas impedem que sejam decompostas pelas enzimas digestivas. A confusão é causada pelas várias denominações: dextrina resistente, amido resistente ou maltodextrina resistente. A parte "resistente" significa resistir à nossa digestão. Tudo que tenha "resistente" como parte do nome é classificado como fibra, mas, pelas razões que já expliquei, deve ser evitado. Por outro lado, a maltodextrina (bem como a maltose e a maltotriose) não causa problema. O único cuidado é que pode vir acompanhada de um adoçante de alta intensidade, provavelmente nada bom para você.

O único outro açúcar que deve passar pelos seus lábios é a lactose – caso você não seja intolerante à lactose, é claro. A lactose é uma molécula de galactose unida a uma molécula de glicose. A molécula de galactose é metabolizada em glicose pelo fígado. Lactose, portanto, é essencialmente glicose pura.

Capítulo 5

RECEITAS

Este capítulo traz ideias para muitas receitas populares, com substituição do açúcar, para ajudar você a eliminar a dependência. Não se trata de ensinar a fazer preparações obviamente livres de açúcar – bacon e ovos, por exemplo. Trata-se de um guia para alimentos dos quais a pessoa em abstinência de açúcar possa sentir mais falta. E servem para o resto da vida.

Eu não criei as receitas. Meus talentos culinários se restringem a abrir o pacote de farinha. Minha mulher, Lizzie, assumiu a cozinha em todas as receitas. Ela repetiu cada preparação dezenas de vezes, experimentando diferentes combinações e ajustes, até que nós (a cobaia era escolhida aleatoriamente) aprovássemos o produto final. Meu papel – de importância crucial – era provar todos os bolos e sobremesas. Foi um trabalho árduo, mas alguém tinha de atravessar aquele mundo de sorvetes e bolos. (Está bem, eu tive uma ajudinha das crianças.) Só para ninguém pensar que sei por onde se pega uma batedeira, devo dizer: as notas que acompanham cada receita baseiam-se nas observações de Lizzie durante o processo.

Lizzie não é cozinheira profissional, e eu não sou provador profissional. Somos apenas uma família média usando uma cozinha provavelmente parecida com a sua. Exatamente por isso, as receitas não são complicadas. Se você for Jamie Oliver, espero que estas receitas básicas sirvam de ponto de partida para novas experiências com fava de baunilha do interior do Peru.

Algumas notas importantes sobre dextrose

A dextrose mencionada na maior parte das receitas é o monohidrato de dextrose, que pode ser encontrado na seção de culinária do supermercado, em sacos de um quilo. Trata-se de glicose pura. Não confunda com "açúcar fermentado", que costuma estar pertinho, no supermercado, e é 75% açúcar. Se o seu supermercado não tiver dextrose, peça para providenciar. A dextrose se parece com açúcar refinado, só que adoça menos e provoca um geladinho na língua, o que me lembra do sorvete de limão que tomava ao voltar da escola. Quanto mais tempo de abstinência, mais doce a dextrose parece – quase o mesmo sabor de açúcar que está na sua memória. No entanto, se provar antes de estar livre da dependência (vá em frente, você é que sabe!) vai sentir um gosto semelhante ao da farinha.

A dextrose tem aproximadamente a metade do peso do açúcar, mas absorve mais líquido que a quantidade equivalente de açúcar. Além disso, parece queimar a uma temperatura mais baixa. Estas receitas, em sua maior parte, nasceram à base de açúcar. Para usar a dextrose como substituta, Lizzie quase sempre (mas nem sempre) aumentou a quantidade dos ingredientes úmidos (ou reduziu a dos secos, inclusive a dextrose) até o produto final alcançar o sabor que lembrávamos. Para evitar dúvidas, reunimos um grupo de chocólatras conhecidos que ficavam a postos, para verificar o resultado final. Algumas receitas – sorvetes e merengues, por exemplo – enganariam qualquer dependente de açúcar. Outros, que para nós pareciam muito doces, foram considerados "sem graça". Destaquei algumas dessas opiniões.

Ingrediente	Peso de uma xícara (em gramas)
Açúcar	250
Açúcar refinado	220
Monohidrato de dextrose	135

A dextrose afeta também a vida útil do produto final, no caso de bolos e biscoitos, que são alimentos secos. O bolo feito com dextrose não dura tanto quanto seu equivalente em açúcar e é mais gostoso quando consumido no mesmo dia. Enquanto fresquinhos, os bolos são deliciosos, mas, depois de um dia ou dois à temperatura ambiente, ficam muito úmidos e um tanto pegajosos. Na geladeira, eles duram um pouco mais. Biscoitos conservam-se em bom estado por mais tempo e podem ser aproveitados na merenda escolar por uma semana, pelo menos.

Finalmente, lembre a advertência da página 62:

ALIMENTOS ADOÇADOS COM DEXTROSE (GLICOSE) SÓ DEVEM SER CONSUMIDOS DEPOIS DE COMPLETADA A RETIRADA DO AÇÚCAR.

Somente depois que você elimina o açúcar da dieta, a dextrose (glicose) passa a ser alternativa viável ao açúcar. Consumir essa substância enquanto o seu sistema de controle do apetite, a circulação de gorduras e os níveis hormonais estiverem prejudicados pela frutose não vai ajudar em nada e talvez prejudique. Portanto, se você vai cortar de uma vez o açúcar, pode começar imediatamente a usar as receitas; se vai fazer isso gradualmente, espere.

Uma nota sobre ingredientes comuns e fornos

- Quando a receita indica "creme", usamos creme espesso. Isso não significa necessariamente que o outro tipo não funcione. Sabemos apenas que funciona bem com creme espesso.
- Quando a receita indica "ovos", usamos os grandes (pelo menos 59 gramas). Como a dextrose absorve umidade, é importante usar ovos grandes.
- Quando a receita indica "manteiga", usamos manteiga com sal. Com a manteiga sem sal, a preparação fica mais doce.
- Quando a receita pede essência de baunilha, não especificamos a quantidade, porque isso depende do gosto pessoal. De meia a uma colher de chá costuma ser boa medida.
- Quase todas as temperaturas do forno foram alteradas em relação à receita original, mas talvez você ache melhor reduzir a temperatura ou o tempo.

- As temperaturas são para fornos comuns. Se o seu tiver ventilação forçada, reduza as temperaturas em 20ºC.

Atenção! Mesmo consumindo dextrose, você pode engordar.

Você pode se forçar a comer mais do que o necessário. Se resolver preparar algumas destas excelentes receitas, talvez se veja com um bom estoque de guloseimas à base de dextrose e talvez coma algumas antes das refeições. Com um pouco de esforço, pode comer tudo, apesar da barriga cheia de um bolo gostoso. Se isso for um hábito regular, você vai ganhar peso. As receitas são para convidados e ocasiões especiais. É possível saborear as preparações sem retomar a dependência nem sofrer os efeitos nocivos da frutose, mas os avisos do seu sistema de controle do apetite não podem ser ignorados. Se você comer um "cheesecake" no lanche da tarde, o seu controle do apetite provavelmente só vai liberar outra refeição no almoço do dia seguinte. Preste atenção aos sinais ou vai engordar.

Sorvete e picolé

Quando comecei a eliminar a dependência do açúcar, não havia um livro como este para me guiar. Com base na leitura atenta dos rótulos, fui aos poucos cortando quase todo o açúcar da casa. Não existe um só produto com redução de açúcar que não tenha outras substâncias que eu preferisse não ver a minha família consumir regularmente. Sorvete não me faz falta, mas com as crianças é outra história. De início, resolvi o problema com a implementação da regra "só um sorvete na sobremesa por semana". Lizzie e eu condicionamos o sorvete ao alimento que provocava mais resistência (curry, na época). Achávamos que limitar era melhor que proibir e, talvez, aumentar o apelo. Até que, um dia, uma das crianças pediu um bolo de aniversário sem açúcar. Não haveria grande dificuldade para Lizzie, a não ser pela cobertura. Ela, então, decidiu tentar fazer sorvete caseiro com dextrose. Como não tínhamos a aparelhagem necessária, o resultado ficou meio duro – a tal ponto que a família nos deu uma máquina de sorvete como presente de Natal! Agora, usamos a máquina pelo menos uma vez por semana. As receitas funcionam sem ela, mas o sorvete de baunilha fica um pouco duro, e o de chocolate, mais mole. A regra ainda é um sorvete por semana, mesmo que, agora, sem açúcar.

Sorvete

Há muitas receitas de sorvete disponíveis, e a maior parte aceita bem a substituição de açúcar por dextrose, em geral duas medidas de dextrose para uma de açúcar. Considero um desperdício, quando a receita pede gemas de ovos para o creme base – o que acontece frequentemente – a não ser que se aproveitem as claras para fazer um monte de merengues. Aqui, a receita de sorvete de baunilha usa ovos inteiros, e a de chocolate não usa ovos.

Sobre a baunilha...

Baunilha nem sempre é livre de açúcar.

Fava de baunilha não é livre de frutose. Os grãos, que vêm das orquídeas do gênero Vanilla, têm cerca de 13% de açúcar por peso.

Extrato natural de baunilha é principalmente açúcar com alguma essência de baunilha. É indicado para receitas preparadas em alta temperatura. Nenhuma das receitas deste livro usa esse ingrediente.

Imitação de essência de baunilha não tem açúcar. Trata-se simplesmente do ingrediente ativo da vanilina misturado com álcool.

Essência natural de baunilha resulta de favas de baunilha de molho no álcool, o que dilui o açúcar. A maior parte dos fabricantes de essência de baunilha natural acrescenta açúcar, para recuperar a concentração de 13%, aproximadamente. Se você quiser preparar a essência em casa, ponha de molho em vodca (um copo) três favas de baunilha cortadas no sentido do comprimento e deixe em um jarro bem vedado por dois meses. A diluição chegará a 8%, mais ou menos.

Lizzie usa Queen Natural Vanilla Essence. Uma colher de chá tem 0,25 gramas de frutose, o que é desprezível. Se preferir zero de açúcar, use a imitação de essência de baunilha.

Sorvete de baunilha à moda antiga

Para variar um pouco, você pode acrescentar aromatizante (seção de culinária do supermercado) a esta receita ou ao sorvete de baunilha da página 172. Nossas crianças gostam do sabor morango, cuja essência não tem açúcar. Use duas colheres de sopa no lugar da essência de baunilha. Outra variação interessante é a adição de cobertura de chocolate. A receita está na página 193.

Crianças gostam ainda mais de sorvete na casquinha. A boa notícia é que a maior parte das casquinhas vendidas em supermercado fica muito perto de zero açúcar.

Rende aproximadamente 1,5 litro (com a máquina de sorvete, que acrescenta ar e volume).

1 xícara de dextrose
$^{1}/_{8}$ de colher de chá de sal
1¾ xícara de leite integral
2 ovos grandes batidos em uma tigela grande
1½ xícara de creme espesso
essência de baunilha

1. Em uma panela misture dextrose, sal e leite e aqueça até ferver.
2. Acrescente a mistura quente aos ovos batidos na tigela e devolva tudo à panela.
3. Aqueça a mistura por 3 minutos, a uma temperatura de baixa a média, mexendo com uma colher de pau, até a mistura engrossar. Não

deixe ferver, pois isso faria com que os ovos cozinhassem e a mistura talhasse.

4. Ponha a mistura de volta na tigela, cubra e leve à geladeira por uma ou duas horas.
5. Junte o creme e a essência de baunilha.
6. Bata na máquina de sorvete até a mistura adquirir a consistência macia. Arrume em um recipiente adequado e ponha no freezer.

Sorvete de baunilha (só com gemas de ovos)

Se você prepara merengues com as claras (página 205), e as gemas sobram, ou se gosta de sorvete feito com gemas (eu gosto), esta é uma receita útil.

Rende aproximadamente 1,5 litro.

1 xícara de leite
1¼ xícara de dextrose
4 gemas de ovos
2 xícaras de creme espesso
essência de baunilha

1. Em uma panela, misture o leite, a dextrose e as gemas de ovos e leve ao fogo brando. Não deixe ferver, senão vai ter ovos mexidos doces.
2. Cozinhe por 5 a 8 minutos, mexendo sem parar. A mistura vai engrossar um pouco, mas sem grudar nas costas da colher.
3. Ponha a mistura na geladeira, para esfriar.
4. Junte o creme e a essência de baunilha.
5. Bata na máquina de sorvete e congele.

Sorvete de chocolate

Nada pode ser mais simples ou mais popular.

Rende aproximadamente 1,5 litro.

2 xícaras de creme espesso
1 xícara de leite
1 xícara de dextrose
¼ de xícara de cacau
essência de baunilha

1. Em uma panela, aqueça o leite e o creme.
2. Misture a dextrose, o cacau e a essência de baunilha e junte à mistura de leite e creme.
3. Bata na máquina de sorvete e congele.

Gelato de chocolate

Esta receita tem um gosto forte de chocolate (que pode ser um pouco amargo). Se achar amargo demais, aumente a quantidade de dextrose ou reduza a quantidade de cacau.

Rende aproximadamente 750 mililitros.

3 xícaras de leite
¾ de xícara de dextrose (ou a gosto, até 1¼ xícara)
2 colheres de sopa de farinha de milho
¾ de xícara de cacau

1. Bata uma xícara de leite com a dextrose, a farinha de milho e o cacau.
2. Ponha o restante do leite para ferver.
3. Despeje o leite fervido sobre a mistura do item 1 e mexa.
4. Devolva a mistura à panela, leve ao fogo brando e mexa por 10 minutos ou até engrossar.
5. Leve a mistura à geladeira para esfriar.
6. Bata na máquina de sorvete e congele.

Picolé

No nosso clima, é muito bom poder tirar um picolé do freezer e oferecer às crianças nos dias de calor. Você vai precisar de fôrmas para picolé, encontradas em lojas de artigos para cozinha.

Picolé de baunilha (com leite)

O sabor destes picolés agrada às crianças que não consomem açúcar, mas a garotada da vizinhança, que consome açúcar normalmente, também gosta.

Rende aproximadamente 750 mililitros.

1 colher de sopa de farinha de milho
2½ xícaras de leite
½ xícara de dextrose
½ xícara de creme espesso
essência de baunilha

1. Dissolva a farinha de milho em ¼ de xícara de leite e reserve.
2. Ponha o restante do leite para ferver.
3. Abaixe o fogo, junte ao leite fervendo a mistura de farinha de milho com leite e deixe em fogo brando por 4 a 5 minutos.
4. Tire do fogo e deixe esfriar até ficar à temperatura ambiente.
5. Junte o creme e a essência de baunilha.
6. Deixe esfriar na geladeira.
7. Despeje a mistura nas fôrmas e deixe congelar por 12 a 24 horas.

Picolé de laranja (água)

O sabor de laranja (essência) é mais forte do que outros sabores. Consciente disso, experimente trocar o sabor. As essências, em geral, não têm açúcar. Se alguma tiver, isso estará indicado no rótulo. Verifique sempre.

Rende aproximadamente 2 litros.

2 litros de água
1½ xícara de dextrose
1 colher de sopa de essência de laranja
corante de alimentos (opcional, mas os picolés vão parecer gelo puro, se não tiverem cor).

1. Ponha todos os ingredientes em uma panela (exceto o corante).
2. Aqueça a mistura delicadamente, para dissolver a dextrose.
3. Prove e ajuste a sabor, se achar necessário.
4. Vá acrescentando corante até alcançar a cor desejada.
5. Despeja nas fôrmas e congele por 12 a 14 horas antes de servir.

Molhos saborosos

Algumas crianças apresentam uma séria dependência de molho de tomate. Para elas, batatinhas fritas, bolinhos de batata e salsichas não existem sem molho. Não é difícil entender por que gostam tanto, agora que você sabe quanto de açúcar têm algumas marcas – aproximadamente ¼ ou mais. Precisávamos de um substituto para o molho de tomate, que não tivesse açúcar e fosse aceito pelas crianças. O problema em criar uma nova versão eram as diferenças entre as marcas. Não havia duas iguais: umas líquidas e com pouca cor, mas muito doces; outras, cremosas e de cor viva, mas menos doces. Depois de muitas tentativas e erros, chegamos a um resultado aparentemente satisfatório para os dependentes de molhos. Em uma reação interessante, uma das crianças se dispôs a abrir mão do molho se houvesse uma boa negociação. Quando é preciso, as crianças se adaptam e escolhem entre as opções disponíveis. Uma vez que a dependência não entra em seu raciocínio, fazem as escolhas de acordo com o sabor e não se importam com as restrições.

Molho de tomate

Esta receita produz um molho cujo sabor consideramos semelhante ao dos molhos comerciais que costumávamos comprar. Só precisa ser ajustado ao seu gosto. Prove várias vezes durante o preparo, para verificar a quantidade de sal e dextrose. Nesta receita, a dextrose faz o papel da farinha: dar consistência. Se aumentar a quantidade de dextrose, talvez seja preciso aumentar também a quantidade de água, para que o resultado não se pareça com polpa de tomate.

Rende aproximadamente 100 mililitros.

125 ml de purê de tomate (tomates peneirados, disponíveis no supermercado)
1 colher de sopa de dextrose
1 pitada de sal

1. Ponha a polpa na panela e leve ao fogo médio até ferver.
2. Abaixe o fogo, junte a dextrose e o sal.
3. Quando aprovar o sabor e a mistura estiver quase na consistência que você pretende (vai engrossar quando esfriar), tire do fogo, deixe esfriar, guarde em recipiente apropriado e guarde na geladeira.

Massa de pizza (massa de scone sem açúcar)

Esta receita compõe uma ótima refeição, quase totalmente livre de frutose. Está incluída aqui porque combina com a receita anterior, de molho de tomate.

2 xícaras de farinha com fermento
30 g de manteiga
¾ a 1 xícara de leite
½ colher de chá de sal

1. Preaqueça o forno a 210°C (410°F). Unte uma assadeira grande.
2. Misture todos os ingredientes.
3. Sove bem a massa.
4. Quando julgar a massa bem batida, espalhe na assadeira. Cubra com uma camada fina de massa de tomate ou um pouco de molho de tomate, antes de arrumar a cobertura da sua preferência – qualquer coisa sem açúcar que esteja na geladeira ou na despensa.
5. Asse por cerca de 10 minutos (dependendo da cobertura).

Ketchup sem açúcar da família Phillips

Esta receita é para quem tiver gosto refinado e tempo disponível. Conversei com um amigo canadense sobre minhas dificuldades com os molhos e ele me disse ter uma receita de ketchup caseiro que podia tentar adaptar para dextrose. E deu certo. Nunca fui muito fã de molhos – nem enquanto era dependente de açúcar – mas achei tão saboroso que uso nos bolos de linguiça.

Todos os vegetais empregados apresentam traços de frutose. No entanto, dadas as relativas concentrações e o fato de serem ricos em fibras, não há motivo para preocupações.

Rende aproximadamente 1 litro.

1 cebola roxa picada
1 bulbo de erva-doce picado (mais do que isso deixa um sabor acentuado demais)
1 aipo picado
1 pedaço pequeno de gengibre fatiado
2 dentes de alho fatiado
½ pimenta chili vermelha bem picadinha
1 maço de manjericão – talos bem picadinhos e folhas separadas uma a uma
1 colher de chá de sementes de coentro inteiras
2 cravos-da-índia
azeite de oliva
sal
pimenta
3 latas com 400 ml de tomates picados (sem adição de açúcar, orgânicos de preferência)
200 ml de vinagre de vinho branco
¼ de xícara de dextrose

1. Ponha em uma panela grande: vegetais, gengibre, pimenta vermelha, talos de manjericão (reserve as folhas para mais tarde), sementes de coentro e cravos-da-índia.
2. Acrescente uma boa porção de azeite, além de sal e pimenta a gosto.
3. Delicadamente, deixe amolecerem os ingredientes em fogo lento, mexendo de vez em quando, por pelo menos 15 minutos. Não deixe tostar.
4. Acrescente os tomates e água fria.
5. Assim que ferver, abaixe o fogo e deixe cozinhar até que esteja reduzido à metade. (Pode levar até duas horas.)
6. Bata no processador com as folhas de manjericão.
7. Passe duas vezes pela peneira.
8. Despeje em uma panela limpa e adicione o vinagre e a dextrose.
9. Deixe em fogo brando até atingir a consistência de molho de tomate. Prove e, se necessário, ajuste o sal e a pimenta.

10. Despeje em vidros esterilizados e guarde em local frio e escuro (de preferência na geladeira). Permanece em bom estado por aproximadamente seis meses.

Coleslaw (salada de repolho) sem açúcar

Claro que esta não é uma receita de molho, mas foi incluída aqui porque a versão sem açúcar da coleslaw tem como base o molho. A versão industrializada é rica em açúcar por causa da maionese utilizada. No entanto, se você fizer a sua salada e usar maionese com ovos inteiros, vai dar certo. Outros ingredientes podem ser acrescentados (aipo ou pimenta, por exemplo), conforme o gosto.

Rende 4 porções (dependendo do apetite das pessoas).

1 cenoura grande
½ repolho pequeno (De qualquer tipo; o repolho roxo dá uma cor bonita.)
1 maçã (opcional)
2 a 3 colheres de sobremesa de maionese com ovos inteiros

1. Corte a cenoura, o repolho e a maçã (se usar), bem fininhos. Misture tudo em uma tigela de salada.
2. Acrescente a maionese, uma colherada de cada vez, até alcançar a cremosidade desejada. Os ingredientes ficam mais bem misturados se você usar as mãos – as suas ou das crianças. Elas adoram e é mais provável que comam o produto final.

Molho holandês simples

Este molho fica ótimo sobre ovos pochés quentinhos.
Rende aproximadamente 500 mililitros.

4 gemas de ovos
1 colher de sopa de suco de limão
sal e pimenta branca para temperar
250 g de manteiga derretida ainda morna

1. Ponha as gemas, o suco de limão, o sal e a pimenta no recipiente do processador de alimentos e bata na velocidade mais baixa por 30 segundos.
2. Sem desligar o processador, acrescente devagar a manteiga até ficar homogêneo.

Caldas

Se sorvete simples não é o bastante para você, aqui estão algumas caldas deliciosas. A calda de caramelo, em especial, é muito boa. No entanto, assim como muitas receitas preparadas com dextrose, essas caldas não duram tanto na geladeira quanto as versões com açúcar. Consuma em até dois dias.

Você, que cortou o açúcar da alimentação, talvez se prepare para cortar também o cardápio de Natal, mas saiba que a base das datas festivas pode ser mantida. Um creme morninho é capaz de transformar o bolo mais sem graça do mundo em uma verdadeira delícia. Felizmente as receitas de cremes ficam ótimas com dextrose. Para nossas crianças, um creme morno servido com bolo ou muffin também morninhos é uma festa!

Calda de caramelo

Nem os superdependentes de açúcar são capazes de identificar diferença entre esta calda e a versão com açúcar.

Rende quatro porções.

1 xícara de dextrose
85 g de manteiga
½ xícara de creme espesso

1. Em uma panela, aqueça a dextrose em fogo médio. Mexa vigorosamente com um batedor ou uma colher de pau até derreter.
2. Deixe a dextrose ferver. (Se queimar, descarte e recomece, acrescentando meia xícara de água. Uma vez que a água precisa evaporar antes da caramelização da dextrose, o cozimento é retardado, e o resultado é mais uniforme.)
3. Assim que os cristais de dextrose derreterem e tiverem um pouco de cor, junte a manteiga e bata até derreter.
4. Tire a panela do fogo e conte devagar até três.
5. Adicione lentamente o creme, mexendo sempre, para incorporar. (Se a mistura espumar, adicione o creme ainda mais devagar.)
6. Depois de esfriar por alguns minutos, despeje em um vidro. Lembre que a calda vai estar ainda quentíssima; primeiro aqueça o vidro com um pouco de água quente, para evitar quebra.
7. Guarde na geladeira, mas sempre aqueça um pouco antes de servir.

Hot fudge (calda quente de chocolate)

Esta calda não é muito doce. Se você já tiver superado o período de abstinência, vai adorar. Mas, se tiver começado há pouco a retirar o açúcar, talvez ache um pouquinho amarga, em comparação com a versão original. O chocolate tem um sabor forte e amargo e pode dominar o gosto suave da dextrose. Dependendo da preparação que vá acompanhar a hot fudge, é possível acrescentar dextrose. Com um sorvete bem doce, a calda menos doce cria um contraste interessante. O cheesecake, por exemplo, tem um sabor suave, por isso uma calda mais doce cai bem.

Rende quatro porções.

15 g de manteiga
1 colher de sopa de cacau
2 colheres de sopa de dextrose (ou 4 colheres de sopa, se preferir uma calda mais doce)
¼ de xícara de creme espesso
½ colher de chá de essência de baunilha

1. Derreta a manteiga com o cacau em fogo baixo.
2. Junte a dextrose e mexa para dissolver. (É o momento de acrescentar dextrose, se quiser uma calda mais doce.)
3. Junte o creme e deixe a mistura ferver por 1 minuto.
4. Tire a mistura do fogo, acrescente a essência de baunilha e misture bem.
5. A mistura engrossa quando esfria. Guarde na geladeira, mas aqueça antes de servir.

Creme fervido

Esta receita é para quem (como eu) não gosta de desperdiçar grandes quantidades de gemas. Para não desperdiçar nada, prepare o creme de ovos (a seguir).

Rende aproximadamente 500 mililitros.

1 colher de sopa de farinha de milho
600 ml de leite
2 gemas de ovos
2 a 3 colheres de sopa de dextrose (comece com duas e vá acrescentando conforme o necessário)
essência de baunilha

1. Dissolva a farinha de milho em um pouco de leite.
2. Em outro recipiente, bata as gemas com a dextrose e um pouco de milho e reserve.
3. Ponha o leite restante em uma panela e leve ao fogo para ferver.
4. Junte a mistura de farinha de milho e deixe ferver por 2 minutos, sem parar de mexer.
5. Retire a mistura do fogo e deixe esfriar até a temperatura ambiente.
6. Despeje a mistura de farinha de milho sobre a mistura de gemas, mexendo bem.
7. Devolva a mistura à panela e aqueça até engrossar, grudando na colher. Não deixe ferver, para as gemas não cozinharem.
8. Acrescente a essência de baunilha.
9. Mexa bem, para desmanchar algum grumo, e ponha em um pote para servir.

Creme de ovos

Se sobrar um pouco deste creme, é possível fazer um sorvete delicioso. Pegue a metade desta receita, junte meia xícara de creme espesso e meia xícara de leite. Deixe esfriar e bata na máquina de sorvete.

Rende de quatro a seis porções.

1 xícara de leite

1 xícara de creme espesso

1 fava de baunilha

5 gemas de ovos

1 xícara de dextrose

1. Ponha em uma panela o leite, o creme e a fava e cozinhe em fogo brando.
2. Bata as gemas de ovos com a dextrose até ficar leve e espumoso.
3. Despeje a mistura de leite e creme sobre as gemas, incorporando as claras.
4. Leve a mistura ao fogo moderado. Mexa constantemente até engrossar, mas não deixe ferver.
5. Retire a fava e os grãos. (Pessoas sofisticadas às vezes gostam da textura dos grãos, que realmente enriquecem o sabor.)
6. Sirva o creme morno ou frio. (Se não fizer questão da sofisticação, beba direto do recipiente.)

Bolos

É importante lembrar, em especial nas receitas de bolos, que a dextrose absorve mais líquido e o açúcar cozinha mais depressa. Ao preparar bolos com dextrose, tome cuidado: não aqueça demais o forno, para não endurecer a massa, e preste atenção ao cozimento, para não queimar.

Depois de muita tentativa e erro, Lizzie chegou às receitas de bolos com dextrose, apresentadas a seguir. Mas nada impede que você faça experiências com as suas receitas à base de açúcar. Apenas siga estas regras:

1. Substitua açúcar por dextrose na proporção de um para um (uma xícara por uma xícara).
2. Aumente a quantidade de ingredientes úmidos.
3. Use ovos grandes. Se não estiverem disponíveis, use um a mais.
4. Quando juntar a farinha, mantenha a batedeira na velocidade mínima.
5. Preste atenção ao cozimento do bolo, que pode demorar menos do que você espera. Se for o caso, deixe as prateleiras do forno mais afastadas da fonte de calor.

Lembre que estes bolos não parecem muito doces ao paladar de quem consome açúcar – em especial o de chocolate, que tem um sabor amargo mais forte que o da dextrose. No entanto, se você usar dextrose extra na cobertura, a maioria das pessoas vai custar a perceber a diferença. Se for um bolo de aniversário ou para alguma comemoração especial, com muitos convidados sucrólatras, pode preparar o bolo com dextrose e a cobertura com açúcar que já estará reduzindo significativamente a frutose total. É difícil notar a diferença em comparação a um bolo "normal", se a cobertura for preparada com açúcar.

Um pedaço de bolo com a massa de dextrose e a cobertura de chocolate não mata nem faz retornar a dependência. Para ocasiões comuns, use cobertura à base de dextrose. Prepare-se para ser flexível nas comemorações e escolha a cobertura que melhor se adapte ao seu bolo – e ao gosto de quem vai comer. Lembre que comida de festa é comida de festa.

Vale a pena lembrar também que o açúcar é conservante, e a dextrose não. Bolos com dextrose duram mais se conservados na geladeira. Em casa não corremos esse risco, pois o bolo mal esfria e as crianças acabam com ele, ao chegar da escola. A massa à base de dextrose é muito mais seca do que a versão de açúcar. Você pode arrumar como sempre a massa na assadeira, mas use uma espátula para raspar tudo e espalhar bem.

Bolo de chocolate

Talvez os sucrólatras não apreciem muito este bolo. No entanto, quanto mais você se distanciar do açúcar, mais vai gostar. É definitivamente a receita favorita dos meus filhos, em especial se for acompanhada de creme.

Rende um bolo (serve de 1 a 300 pessoas, dependendo do tamanho da fatia.)

1 xícara de farinha enriquecida com fermento
1 xícara de dextrose
3 colheres de sopa de cacau
2 ovos
½ xícara de leite
essência de baunilha
55 g de manteiga amolecida

1. Preaqueça o forno a 180°C (350°F). Unte uma fôrma redonda com 20 cm de diâmetro e salpique farinha.
2. Passe na peneira os ingredientes secos (farinha, dextrose e cacau) diretamente para a tigela da batedeira.
3. Acrescente ovos, leite e essência de baunilha.
4. Bata na batedeira até a massa ficar homogênea.
5. Junte a manteiga e bata por 2 minutos, no máximo.

6. Despeje (ou espalhe, pois a massa é bem seca) na assadeira já preparada.
7. Cozinhe até que um palito espetado na massa saia limpo (deve demorar de 50 a 60 minutos).
8. Desenforme e deixe esfriar sobre uma grade.
9. Coma simples ou, se preferir, use como cobertura o "creme imitação", da página 195.

Cupcakes (bolinhos) de dextrose

A escola de ensino fundamental onde meus filhos estudam permite que os alunos levem um bolo no dia do aniversário. Meus filhos levam uma caixa destes cupcakes com cobertura de dextrose (veja a página 193), que os colegas de turma comem com o mesmo gosto que dedicam aos doces feitos com açúcar.

Rende aproximadamente 12 cupcakes.

60 g de manteiga
½ xícara de dextrose
essência de baunilha
1 ovo grande
1 xícara não muito cheia de farinha enriquecida com fermento
1 pitada de sal
½ xícara de leite

1. Preaqueça o forno a 180°C (350°F). Separe 12 forminhas.
2. Bata na batedeira a manteiga e a dextrose, até formar um creme.
3. Junte a essência de baunilha e o ovo e misture bem.
4. Em outra tigela, passe pela peneira a farinha e o sal.
5. Vá acrescentando alternadamente a farinha e o leite à mistura de dextrose e manteiga. Faça isso delicadamente, para a massa ficar o mais macia possível.
6. Ponha às colheradas a mistura nas forminhas.

7. Asse por aproximadamente 15 a 20 minutos ou até que esteja firme ao toque e comece a dourar.

Bolo de baunilha

Este é um ótimo bolo para múltiplas finalidades. Serve inclusive para bolo de aniversário, em especial com a cobertura do "creme imitação" (página 195), de qualquer sabor e cor.

Rende um bolo.

150 g de manteiga amolecida
1 xícara de dextrose
2 ovos grandes
essência de baunilha
$^{2}/_{3}$ de xícara de leite
2 xícaras de farinha enriquecida com fermento
1 pitada de sal

1. Preaqueça o forno a 180°C (350°F). Unte uma assadeira e salpique farinha.
2. Bata na batedeira a manteiga e a dextrose, até a mistura ficar cremosa.
3. Junte os ovos, um de cada vez, batendo bem depois de cada adição.
4. Acrescente a essência de baunilha.
5. Em outra tigela, passe pela peneira a farinha e o sal.
6. Junte à massa $^{1}/_{3}$ da farinha e depois metade do leite.
7. Continue acrescentando a farinha e o leite, alternadamente, até a massa estar macia. (Não misture demais.)
8. Espalhe a massa de maneira uniforme na assadeira já preparada.
9. Asse por aproximadamente 40 minutos, até que um palito espetado na massa saia limpo.
10. Desenforme e deixe esfriar sobre uma grade.

Bolo de manteiga

Este bolo, o bolo de merengue com coco e o bolo de canela são deliciosos, mesmo sem cobertura. Isso significa menos trabalho na cozinha, antes de comer (minha especialidade).

Rende um bolo.

125 g de manteiga amolecida
1¼ xícara de dextrose
3 ovos
1 xícara de farinha simples
½ xícara de farinha enriquecida com fermento
½ colher de chá de fermento
½ xícara de leite
essência de baunilha

1. Preaqueça o forno a 150° C (300° F). Pegue uma fôrma redonda de 20 cm de diâmetro, unte e salpique farinha.
2. Ponha todos os ingredientes no recipiente da batedeira e bata em velocidade baixa, só para misturar.
3. Bata em velocidade moderada por 1 a 2 minutos (não mais que isso), até estar tudo bem misturado. (Se bater demais, o bolo pode ficar massudo.)
4. Asse por cerca de 1 hora, até que um palito espetado na massa saia limpo.
5. Deixe descansar por 5 minutos.
6. Desenforme e vire.

Bolo de merengue com coco

Este bolo foi uma verdadeira surpresa. Para uma preparação à base de dextrose, conserva-se bem e não precisa de cobertura. Se você usar coco ralado fresco, em vez de coco desidratado, a aparência e o sabor ficam ainda melhores.

Rende um bolo.

BASE

90 g de manteiga
½ xícara de dextrose
3 gemas de ovos
essência de baunilha
1 xícara de farinha enriquecida com fermento
½ xícara de leite

MERENGUE PARA COBERTURA

3 claras de ovos
¾ de xícara de dextrose
1 xícara de coco desidratado

Prepare a base:

1. Preaqueça o forno a 180°C (350°F). Unte e forre uma fôrma quadrada de 18 cm.
2. Bata na batedeira a manteiga e a dextrose, até formar um creme.
3. Junte as gemas, uma de cada vez, batendo bem depois de cada adição.
4. Acrescente a essência de baunilha e bata mais um pouco.
5. Junte $1/_3$ da farinha e a metade do leite. Continue acrescentando farinha e leite, alternadamente, até terminar e a massa estar macia.
6. Despeje na assadeira já preparada.

Prepare a cobertura de merengue:

1. Bata as claras de ovos até endurecer. Em seguida, acrescente a dextrose, um pouquinho de cada vez.

2. Junte o coco.
3. Ponha às colheradas a mistura de claras sobre a massa do bolo na assadeira.
4. Asse por aproximadamente 40 minutos ou até que um palito espetado na massa saia limpo.
5. Deixe descansar por alguns minutos, antes de colocar sobre uma grade para esfriar.

Bolo de canela

Não há nada mais civilizado que um chá com bolo. Esta receita é ótima quando ainda quente, mas não se conserva por muito tempo. Prepare pouco antes de as visitas chegarem para o lanche.

Rende um bolo.

BOLO

80 g de manteiga
1 pitada de sal
¾ de xícara de dextrose
2 ovos batidos ligeiramente
1½ xícara de farinha simples
1½ colher de chá de fermento em pó
1 xícara de leite

COBERTURA

1 colher de sopa de dextrose
1 colher de chá de canela em pó
10 g de manteiga

1. Preaqueça o forno a 180°C (350°F). Pegue uma fôrma de 20 cm, unte e salpique farinha. (Lizzie gosta daquelas com uma abertura redonda no meio.)
2. Bata na batedeira manteiga, sal e dextrose, até formar um creme.

3. Acrescente os ovos e bata novamente, para misturar.
4. Em outra tigela, passe pela peneira a farinha e o fermento.
5. Junte à mistura da batedeira $^1/_3$ da farinha e metade do leite. Vá acrescentando farinha e leite, alternadamente, até juntar todos os ingredientes em uma mistura homogênea.
6. Despeje na fôrma já preparada.
7. Asse por cerca de 30 minutos, até que um palito espetado na massa saia limpo.
8. Para a cobertura, misture a dextrose e a canela em pó.
9. Sobre o bolo assado, mas ainda quente, espalhe a manteiga e salpique a mistura de dextrose e canela.
10. Sirva imediatamente.

Torrada com canela do David

Se você, assim como eu, acha a cobertura muito prática, mas considera o restante da receita do bolo de canela um verdadeiro desafio, experimente esta variação.

Rende uma porção (é minha!)

1 colher de sopa de dextrose
1 colher de chá de canela em pó
2 pedaços de pão
10 g de manteiga

1. Em uma tigelinha misture a dextrose e a canela em pó.
2. Ligue a torradeira.
3. Ponha o pão na torradeira.
4. Espere dourar um pouco.
5. Com o pão ainda quente, espalhe a manteiga.
6. Salpique a mistura de dextrose com canela.
7. Sirva imediatamente.

Coberturas

No que se refere a coberturas, você pode escolher. Se fizer questão de aparência, vai ser difícil "chegar lá" com estas receitas. Nesse caso, é melhor ficar com a sua cobertura tradicional à base de açúcar. Se a aparência não tiver tanta importância e você quiser banir definitivamente a frutose, experimente a cobertura de chocolate. Nossas crianças comeriam cupcakes com essa cobertura até a galinha criar dentes....

Cobertura de chocolate

Assim que esta cobertura esfriar um pouco, pode ser espalhada sobre bolos. Se quiser que fique mais grossa, basta acrescentar um pouco de dextrose. Se engrossar demais, leve de volta ao fogo com um pouco de água e aqueça até que a dextrose derreta novamente. Esta cobertura seca sobre o cupcake, formando um ótimo acabamento.
É também perfeita como chips no sorvete. Em vez de espalhar a cobertura sobre o bolo, deixe na geladeira por um dia até endurecer, formando uma folha. Tire e corte em pedacinhos de tamanho a gosto e misture ao sorvete enquanto ainda estiver na máquina. Delicioso!

Rende o suficiente para cobrir até 24 cupcakes.

2 colheres de sopa de cacau
3 colheres de sopa de água
1 xícara de dextrose

1. Ponha a água para ferver em uma panela, desligue o fogo e reserve.
2. Em uma panela menor, ponha a água e o cacau. Leve ao fogo moderado e mexa, até formar uma pasta grossa. Tire do fogo e acrescente um pouco da dextrose.
3. Ponha a panela menor, com a mistura, dentro da panela maior com água quente e leve ao fogo para reaquecer em banho-maria, sem deixar ferver.

4. Assim que a dextrose derreter e combinar-se à mistura de cacau, acrescente dextrose, um pouco de cada vez.
5. Assim que a mistura estiver homogênea, tire do fogo e deixe esfriar e ficar firme.

Cobertura italiana cremosa de manteiga

Esta receita usa somente as claras dos ovos. As alternativas são o creme francês, que usa as gemas, ou o creme americano, que usa ovos inteiros. A preocupação com todas elas é o fato de serem usados ovos crus que não são cozidos por muito tempo. Na receita italiana, as claras de ovos são misturadas a xarope de glicose aquecido, e é possível que a temperatura não alcance os 70°C (160°F) necessários à garantia de que uma bactéria salmonela, talvez presente no ovo, seja destruída. Verifique se os ovos adquiridos por você são frescos e mantenha-os sob refrigeração constante. Preparamos esta receita várias vezes e até hoje ninguém morreu. No entanto, se você quiser ter certeza absoluta, pode usar ovos em pó ou ovos pasteurizados, caso encontre à venda.

Rende o suficiente para cobrir um bolo grande (como o de chocolate ou o de baunilha)

¾ de xícara de dextrose
1 colher de sopa de água
2 claras de ovos
1 pitada de cremor tártaro
100 g de manteiga
corante alimentício ou o aromatizante da sua escolha

1. Aqueça em fogo moderado a dextrose e a água.
2. Deixe a mistura ferver até entrar em ponto de bala (é quando uma gota da mistura forma uma bolinha, ao ser colocada em água fria).
3. Bata as claras e o cremor tártaro na batedeira, até o ponto de neve.
4. Sem parar de bater, junte a mistura de dextrose até ficar homogênea e reserve a tigela.

5. Em outra tigela, bata a manteiga na batedeira até ficar leve e fofa.
6. Ponha de volta a primeira tigela na batedeira e acrescente, aos poucos, a manteiga ao merengue, sem parar de bater.
7. Junte o corante.

Creme imitação

Esta cobertura clássica para bolos fica especialmente saborosa com o de chocolate. O creme não se dá bem em ambientes quentes. Portanto, deixe na geladeira o bolo coberto com o creme, até a hora de usar.

Rende o bastante para cobrir generosamente um bolo grande.

125 g de manteiga amolecida (sem derreter)
1 colher de chá de gelatina em pó
1 xícara de dextrose
¼ de xícara de água morna

1. Bata a manteiga na batedeira até ficar leve e fofa.
2. Misture a gelatina em pó na água morna, para dissolver, e reserve.
3. Junte a dextrose à manteiga batida e bata novamente, para ficar outra vez uma mistura leve e fofa.
4. Acrescente aos poucos a mistura de gelatina, batendo bem a cada adição.
5. Talvez seja preciso acrescentar o restante da água, para melhorar a consistência. Se for o caso, faça isso devagar, uma colher de sopa por vez. Espere a mistura absorver a água, antes de colocar mais. O objetivo é uma mistura bem homogênea. Se você usar toda a água e a mistura ainda estiver granulosa, acrescente até duas colheres de sopa a mais, e só. Água demais vai produzir uma massa molenga, que nunca fica firme.
6. Acrescente cor e sabor a gosto.
7. Espalhe sobre o bolo e refrigere, para endurecer.

Muffins

Toda receita de muffin é preparada em forminhas especiais, mas aquelas em tamanho menor criadas originariamente para "financiers" também servem. Um pouquinho maior já seria demais para os convidados... Os brownies de chocolate, em especial, são muito densos. Lembre-se de ajustar o tempo de cozimento ao tamanho da forminha e de ficar de olho no forno.

Os muffins são bastante flexíveis e receptivos. É possível acrescentar a eles praticamente qualquer coisa. Certa vez, Lizzie queria preparar muffin de banana, mas só tinha uma. Então, acrescentou à mistura mirtilos congelados (frescos também dariam certo). O muffin de banana com mirtilo ficou ótimo! Na prática, você vai identificar a consistência que prefere e ajustar a quantidade de dextrose, para que a massa fique mais durinha ou mais mole. Mirtilos tendem a ser mais úmidos e menos doces do que as bananas. Portanto, para muffins de mirtilo, é preciso dobrar a quantidade de dextrose.

Lembre que o açúcar é conservante. Assim, muffins feitos com dextrose vão se conservar em bom estado por menos tempo. Mas as crianças não sucrólatras costumam acabar com eles tão rapidamente que nem dá tempo de guardar.

Brownies de chocolate

A cobertura de chocolate (página 193), mais rala, fica ótima nestes brownies. A cobertura endurece e acrescenta uma camada de sabor doce muito apreciado. Basta mergulhar a parte de cima do brownie no pote onde estiver a cobertura. Se planeja servir os brownies como sobremesa quente, não se preocupe em acrescentar cobertura. A sua única tarefa será decidir se serão acompanhados de creme ou de sorvete.

Rende aproximadamente 24 brownies.

150 g de manteiga (ou mais, se for preciso)

1 xícara de dextrose

2 ovos

$^{2}/_{3}$ de xícara de cacau

1 xícara de farinha enriquecida com fermento

1. Preaqueça o forno a 180ºC (350ºF). Unte duas fôrmas para minimuffins.
2. Bata em creme a manteiga com a dextrose.
3. Acrescente os ovos.
4. Passe na peneira o cacau e a farinha e junte à mistura de manteiga. Se ficar muito seco, ponha mais manteiga.
5. Ponha a massa às colheradas nas forminhas. (Trata-se de uma mistura seca; não vai ser possível despejar.)
6. Asse por 10 a 12 minutos, até que os muffins estejam cozidos, mas ainda macios no centro.

Muffins de banana

Claro que esta receita não é livre de frutose. As duas bananas têm aproximadamente de 10 a 12 gramas de frutose (total). Assim, cada muffin tem cerca de $^{1}/_{3}$ de grama de frutose. Em compensação, têm quantidade de fibra igual à da banana. Seriam necessários 20 destes muffins para igualar a quantidade de frutose de uma banana. Portanto, não se preocupe com o teor de frutose, a não ser que pretenda comer todos os muffins.

Rende aproximadamente 40 minimuffins.

2½ xícaras de farinha enriquecida com fermento

½ xícara de dextrose (talvez ¼ seja suficiente)

2 colheres de chá de fermento em pó

2 colheres de chá de canela em pó

2 ovos levemente batidos

100 g de manteiga derretida

1 xícara de banana amassada (2 bananas médias)

1. Preaqueça o forno a 190°C (375°F). Unte duas fôrmas para minimuffins.
2. Passe pela peneira farinha, dextrose, fermento e canela, diretamente para uma tigela. Faça uma cova no centro.
3. Em outra tigela, misture ovos, leite e manteiga. Despeje a mistura no espaço aberto na primeira tigela e mexa com uma colher de pau.
4. Junte a banana amassada e misture, para homogeneizar.
5. Despeja às colheradas nas forminhas já preparadas. (Provavelmente será preciso assar em duas fornadas, a não ser que você disponha de mais forminhas ou de um forno muito grande.)
6. Asse por cerca de 20 minutos ou até que esteja dourado.

Muffins de coco e chocolate

Estes já são saborosos ao natural, mas é possível acrescentar uma fina camada de doçura. Basta mergulhar a parte superior dos muffins em calda de chocolate. (Veja a página 193.)

Rende aproximadamente 24 muffins.

150 g de manteiga
1 xícara de farinha enriquecida com fermento
1 xícara de dextrose
½ xícara de coco desidratado
2 colheres de sopa de cacau
2 ovos batidos levemente

1. Preaqueça o forno a 180°C (350°F). Unte duas fôrmas para minimuffins.
2. Derreta a manteiga e deixe esfriar.
3. Junte todos os ingredientes secos na mesma tigela.
4. Em outra tigela, ponha a manteiga e os ovos, mexendo levemente.
5. Junte a mistura de manteiga e ovos aos ingredientes secos.
6. Ponha às colheradas nas forminhas.
7. Asse por 10 a 15 minutos.

Biscoitos e fatias

Perca a esperança de fazer um biscoito igual aos que você compra no supermercado – crocantes e muito doces. É difícil chegar a tal resultado com a dextrose. Entre as receitas apresentadas aqui, o biscoito Anzac é o único crocante, por ser feito com xarope de glicose, e não com dextrose em pó. Você pode experimentar fazer o mesmo com outras receitas.

Ainda que não apresentassem outra vantagem, os biscoitos seriam importantes, pela rapidez e facilidade com que são incluídos na merenda escolar, em especial nos dias de muita atividade. A maior parte destas receitas vai resultar em biscoitos macios – ao estilo dos amanteigados. Se você se acostumou a sabores muito doces, vai estranhar. Depois de algumas semanas de abstinência, porém, vão parecer uma delícia.

Fatia de chocolate

Fatias são tão fáceis de fazer que as crianças podem participar. Lembre apenas que, ao aplicar a cobertura de chocolate (que é quase líquida), vai precisar de uma faca para espalhar por igual. Aja com rapidez, antes que a fatia absorva a cobertura. Para melhor resultado, guarde na geladeira.

Rende aproximadamente 16 fatias

1¼ xícara de farinha enriquecida com fermento
2 colheres de sopa de cacau
¾ de xícara de coco
½ xícara de dextrose
160 g de manteiga derretida, já fria
1 ovo ligeiramente batido

1. Preaqueça o forno a 180ºC (350ºF). Forre com papel-manteiga uma assadeira funda quadrada de 18 cm.
2. Junte todos os ingredientes secos em uma tigela.
3. Em outra tigela, misture levemente o ovo com a manteiga já fria.

4. Junte os ingredientes úmidos aos ingredientes secos.
5. Ajeite a massa na assadeira preparada.
6. Asse por 10 a 15 minutos.
7. Corte em quadrados enquanto ainda estiver morna, mas deixe esfriar na assadeira.
8. Depois de esfriar, despeje sobre as fatias a calda de chocolate morna. (página 193). Diferentemente dos cupcakes, a calda penetra na camada superior, dando um ótimo acabamento às fatias.

Biscoito de coco

Esta receita faz um biscoito parecido com um bolo, bem diferente do biscoito Anzac, que é crocante (página 203). Pensamos em aplicar a técnica descrita na página 193 e incluir lascas de chocolate na massa. Infelizmente, porém, a calda de chocolate não pode ser usada em lascas devido à baixa temperatura de fusão e à textura quase líquida. No entanto, você pode espetar uma lasquinha no centro de cada biscoito, antes de assar. Se achar muito trabalhoso, saiba que os biscoitos ficam deliciosos, com ou sem a lasquinha.

Rende aproximadamente 20 biscoitos.

120 g de manteiga
¾ de xícara de dextrose
2 ovos
essência de baunilha
1½ xícara de farinha enriquecida com fermento
½ xícara de coco desidratado
1 pitada de sal
lascas de calda de chocolate, se desejar (página 193)

1. Preaqueça o forno a 180°C (350°F). Forre uma assadeira com papel.
2. Bata a manteiga com a dextrose até ficar cremoso.
3. Junte os ovos, um de cada vez, batendo bem após cada adição.

4. Acrescente a essência de baunilha e misture.
5. Em outro recipiente, passe a farinha pela peneira. Em seguida, adicione o coco e o sal.
6. Aos poucos, junte os ingredientes secos aos úmidos. Tenha paciência. Ingredientes secos custam a misturar.
7. Com a mistura, faça bolinhas do tamanho de uma colher de sobremesa. Se quiser, espete uma lasquinha de calda de chocolate no centro de cada bolinha. Arrume na assadeira já preparada, deixando um espaço de 1 cm entre elas.
8. Asse até começar a dourar (15-20 minutos).
9. Deixe esfriar sobre uma grade.

Biscoito Jaffa

Crianças adoram levar uma guloseima na merenda. Estes biscoitinhos são ótimos, embora pouco doces. O sabor amargo do cacau se destaca da doçura da dextrose e se junta ao gosto forte da laranja, em uma excelente combinação. Se quiser, você pode acrescentar a calda de chocolate, deixando os biscoitos mais doces.

Rende aproximadamente 20 biscoitos.

1 xícara de farinha enriquecida com fermento
1 xícara de dextrose
¾ de xícara de farinha simples
¼ de xícara de cacau
2 ovos ligeiramente batidos
150 g de manteiga derretida
1 colher de sopa de casca de laranja ralada

1. Preaqueça o forno a 180°C (350°F). Forre uma assadeira com papel.
2. Em uma tigela, passe todos os ingredientes secos pela peneira.
3. Misture os ingredientes úmidos à casca de laranja e junte aos ingredientes secos. Tenha paciência. A mistura talvez se pareça com fare-

los de biscoito, mas, quando pressionada, adere. Caso isso não aconteça, acrescente um pouco de manteiga derretida.

4. Com a massa, faça bolinhas do tamanho de uma colher de sobremesa e pressione delicadamente sobre a assadeira já preparada. Os biscoitos não se espalham muito, mas é bom deixar um espaço de 1 cm entre eles.
5. Asse por cerca de 20 minutos ou até que fiquem firmes. Deixe mais um pouco na assadeira, para que endureçam ainda mais e, então, transfira para uma grade.

Biscoito de macadâmia

Este biscoito é uma variação da base do biscoito Jaffa (página 201). Se preferir um sabor mais adocicado ou uma quantidade menor de nozes, vá ajustando ao seu gosto.

Rende aproximadamente 12 biscoitos.

½ xícara de farinha enriquecida com fermento
½ xícara de farinha simples
½ xícara de dextrose
125 g de nozes macadâmia
1 ovo ligeiramente batido
100 g de manteiga derretida, já fria
essência de baunilha

1. Preaqueça o forno a 180°C (350°F). Forre uma assadeira com papel.
2. Em uma tigela, passe os ingredientes secos pela peneira. Junte as macadâmias.
3. Em outra tigela, misture o ovo, a manteiga e a essência de baunilha.
4. Junte os ingredientes úmidos aos ingredientes secos. (Esta mistura é mais úmida do que as outras.)
5. Com a massa, faça bolinhas do tamanho de uma colher de sobremesa e pressione delicadamente sobre o fundo da assadeira. Os biscoitos

não se espalham muito, mas é bom deixar um espaço de 1 cm entre eles.

6. Asse por aproximadamente 20 minutos.

Biscoito Anzac (biscoito de flocos de aveia)

Uma parte importantíssima dos tradicionais biscoitos Anzac é o xarope dourado – infelizmente rico em frutose. Estão fora de cogitação, portanto. Esta receita, porém, usa xarope de glicose e chega muito perto do sabor e da textura originais de um biscoito Anzac.

Se você, como eu, aprecia biscoito de gengibre, experimente adicionar à massa, antes de assar, duas colheres de chá de gengibre moído (ou mais, se preferir) e uma colher de chá de canela em pó.

Rende aproximadamente 24 biscoitos.

1 xícara de farinha simples
1 xícara de flocos de aveia
¾ de xícara de coco
1 ¼ xícara de dextrose
150 g de manteiga
3 colheres de sopa de água fervendo
4 colheres de sopa de xarope de glicose
1 colher de sopa de fermento em pó

1. Preaqueça o forno a 150°C (300°F). Forre duas assadeiras com papel.
2. Em uma tigela grande, passe a farinha pela peneira.
3. Acrescente a aveia, o coco e a dextrose e reserve.
4. Em uma panela, derreta a manteiga. Junte o xarope e a água. Deixe a mistura ferver brevemente e desligue o fogo.
5. Acrescente o fermento em pó. Deixe formar espuma e despeje imediatamente sobre os ingredientes secos. Misture bem.
6. Faça bolinhas do tamanho de uma colher de chá bem cheia e ajeite nas assadeiras untadas, deixando espaço para as bolinhas crescerem.

7. Asse por aproximadamente 30 minutos, até os biscoitos estarem dourados.
8. Deixe esfriar sobre uma grade. Os biscoitos vão estar meio moles, mas endurecem depois de frios.

Pão de amêndoas

Lá em casa, o pão de amêndoas sempre esteve entre as preparações favoritas. Antes de me livrar da dependência, o Natal não estava completo sem aquele pão rico em açúcar, confeitado, com recheio de cereja. Esta alternativa à base de dextrose talvez não satisfaça os apaixonados pelo verdadeiro pão de amêndoas – até porque falta o recheio de cereja. Mas a textura e o sabor me trazem o Natal.

Rende aproximadamente 50 fatias.

3 claras de ovos
$^2/_3$ de xícara de dextrose
$^2/_3$ de xícara de farinha simples peneirada
90 g de amêndoas não escaldadas

1. Preaqueça o forno a 160°C (325°F). Unte e forre uma fôrma de pão.
2. Bata as claras de ovos até endurecerem.
3. Junte a dextrose aos poucos, uma colher de cada vez.
4. Junte a farinha e as amêndoas.
5. Despeje na fôrma de pão já preparada.
6. Asse por 45 minutos, até que esteja firme e dourado. (A partir de 30 minutos, vigie o cozimento.)
7. Retire da fôrma e deixe esfriar sobre uma grade.
8. Depois de frio, corte cuidadosamente em fatias muito finas, usando uma faca serrilhada para pão. (O pão de amêndoas à base de dextrose endurece mais que a versão tradicional. Assim, corte as fatias bem fininhas.)
9. Espalhe as fatias deitadas sobre duas assadeiras forradas.

10. Leve ao forno baixo (150°C /300°F) até dourar.
11. Vire as fatias, para dourar o outro lado. (Cuidado para não cozinhar demais; lembre que as fatias só endurecem e ficam crocantes depois de frias.)
12. Ponha sobre uma grade, para esfriar e endurecer.
13. Guarde em recipiente hermeticamente fechado. (Isso é especialmente importante se você vive em lugar com muita umidade; estes produtos absorvem água como uma esponja.)

Merengue italiano

Merengues sem açúcar são complicados, mas esta receita dá ótimo resultado. Lembre que a dextrose cozinha mais rapidamente do que o açúcar. Não demora muito para que a mistura de dextrose levada ao fogo atinja o ponto de bala (em que uma gota da mistura quente forma uma bolinha, quando jogada em água fria). Cuidado para não passar do ponto e queimar a dextrose. Isso também vale para os merengues quando estiverem no forno.

Lizzie às vezes usa esta receita, acrescentando cacau e coco ralado, para fazer "macaroons". Em outras ocasiões, prepara a mistura de merengue italiano, acrescenta creme batido e congela, criando um sorvete. O merengue italiano serve de base também para a "cobertura italiana cremosa de manteiga" (página 194), que pode ser usada para cobrir bolos.

Se os merengues ficarem um pouco grudentos depois de frios, leve-os de volta ao forno, à mesma temperatura de antes, por no máximo meia hora. Em seguida, repita o processo de esfriamento.

Rende aproximadamente 30 merengues pequenos.

¾ de xícara de dextrose
1 colher de chá de xarope de glicose
2 colheres de chá de água
2 claras de ovos

1. Preaqueça o forno a 120°C (250°F). Forre assadeiras com papel.
2. Em uma panela, misture dextrose, xarope e água e leve ao fogo brando para dissolver.
3. Aumente o fogo e deixe ferver.
4. Com a batedeira, bata as claras em ponto de neve.
5. Quando a mistura de dextrose estiver em ponto de bala – é muito rápido, em poucos minutos –, junte aos poucos às claras de ovos, sem parar de bater. Só desligue a batedeira quando as claras estiverem sedosas, firmes e muito brancas. A mistura vai começar a esfriar.
6. Ponha pequenas colheradas da mistura nas assadeiras preparadas.
7. Asse por 2 horas. (Depois de 1½ hora, redobre a atenção, para evitar que queime.) Desligue o forno e deixe lá os merengues até endurecerem. Repare que, diferentemente dos merengues feitos com açúcar, estes só endurecem quando esfriam.
8. Guarde imediatamente em recipiente hermeticamente fechado.

Sobremesas

Nenhum guia de receitas para ocasiões especiais estaria completo sem sobremesas deliciosas. Assim como outras preparações, algumas destas receitas serão mais apreciadas pelos convidados que não consomem frutose. Outras, porém, farão sucesso com todos que provarem.

Torta real de framboesa

Não existe nada melhor do que uma boa torta. Você pode preparar a base e acrescentar as cerejas na hora de servir, para causar impacto. Também pode usar como base o cheesecake da página 209. Quando Lizzie quer uma sobremesa sem glúten, usa a base de cheesecake – que tem menos farinha – com este recheio. Essa redução na farinha faz com que a substituição por outra sem glúten afete menos o sabor. Ela tem preparado ainda tortinhas individuais, ótimas para festas.

Basta usar forminhas untadas, mas sem forração, assar, esfriar e rechear.

Rende de 8 a 10 tortas.

1 cestinha de cerejas (ou alguma outra fruta de baga da sua preferência)

MASSA DE COCO

1 xícara de farinha simples (mal cheia)
1 xícara de coco ralado (mal cheia)
90 g de manteiga
¼ de xícara de dextrose
1 gema de ovo

RECHEIO

¾ de xícara de dextrose
2 colheres de sopa de farinha de milho
1 colher de sopa de gelatina em pó
2 ovos + uma gema
350 ml de leite
essência de baunilha (opcional)
150 ml de creme espesso

Prepare a massa de coco

1. Preaqueça o forno a 180°C (350°F).
2. Com as pontas dos dedos, vá misturando todos os ingredientes, até ficar homogêneo.
3. Pressione a massa contra o fundo e as laterais de uma fôrma redonda com 25 cm de diâmetro. (Se você tiver uma fôrma de fundo removível, é melhor.)
4. Com um garfo, faça furinhos no fundo da massa, para evitar que encolha ou estufe durante o cozimento.
5. Faça um pré-cozimento por 10 minutos. (Aplique papel-alumínio sobre

a massa e, sobre ele, pesos de cerâmica para assar tortas – grãos crus de feijão ou arroz também servem – de modo que a massa fique no lugar.)

6. Retire os pesos e a folha de alumínio e asse a massa sem cobrir, por mais 5 a 10 minutos, até começar a dourar.
7. Deixe esfriar na fôrma, sobre uma grade.

Prepare o recheio

1. Em uma panela de tamanho médio, misture a dextrose, a farinha de milho e a gelatina.
2. Acrescente o ovo, a gema de ovo e o leite.
3. Junte a mistura de ovo à mistura de gelatina.
4. Deixe descansar por 5 minutos, para dissolver a gelatina.
5. Cozinhe em fogo brando, mexendo constantemente, até que a mistura engrosse. (Isso acontece de repente.)
6. Se desejar, adicione a essência de baunilha.
7. Depois que engrossar, despeje em uma tigela grande e leve à geladeira.
8. Mexa de vez em quando, até esfriar completamente.
9. Bata o creme até formar picos firmes.
10. Misture o creme ao recheio que está na geladeira.
11. Montagem:
12. Transfira cuidadosamente a massa da torta, da fôrma para o prato de servir.
13. Ponha às colheradas o recheio na massa.
14. Arrume as framboesas por cima.
15. Deixe na geladeira até o recheio ficar bem firme (cerca de 1 hora).

Cheesecake assado

Se não quiser preparar a massa, despeje o recheio em oito forminhas individuais e asse por 40 a 50 minutos ou até que esteja firme ao toque. Eis aí uma sobremesa deliciosa – e sem glúten.
A massa também fica ótima sobre o "crumble", uma compota de frutas com uma cobertura crocante. (Veja a versão sem nozes na página 214.)

Rende de 8 a 10 porções.

BASE

Estas quantidades são suficientes apenas para o fundo da fôrma. Se quiser forrar também as laterais, dobre as quantidades.

½ xícara de amêndoas em flocos

½ xícara de dextrose

1/3 de xícara de farinha simples

2/3 de xícara de coco

50 g de manteiga derretida (e mais um pouco, se necessário)

RECHEIO

500 g de queijo cremoso

1½ xícara de dextrose

1 colher de sopa de farinha de milho

3 ovos

essência de baunilha

2 colheres de sopa de suco de limão

1 pitada de sal

2 xícaras de creme azedo

Preparação da base

1. Preaqueça o forno a 180°C (350°F).
2. Para impedir que a água do banho-maria entre na fôrma, passe papel-alumínio por dentro dela, subindo pelas laterais, antes de colocar na água. Unte o papel-alumínio.

3. Em uma tigela, misture os ingredientes secos.
4. Acrescente a manteiga derretida e vá incorporando até que a mistura fique com uma aparência quebradiça.
5. Pressione a mistura na base da assadeira já preparada.
6. Asse até dourar (aproximadamente 10 minutos). Deixe esfriar.

Preparação do recheio:

1. Bata na batedeira o queijo e a dextrose, até ficar uma massa homogênea.
2. Junte a farinha de milho.
3. Adicione os ovos, um de cada vez, batendo bem a cada adição.
4. Junte essência de baunilha, suco de limão, sal e creme azedo. Bata brevemente para misturar.

Montagem:

1. Despeje o recheio sobre a base já preparada.
2. Asse em banho-maria por 50 minutos. (Ponha a fôrma dentro de uma assadeira com água até a metade.)
3. Desligue o forno, mas não abra a porta por 1 hora.
4. Deixe esfriar e sirva frio com creme ou sorvete.

Cheesecake sem cozimento

Esta receita produz um bolo com a metade da altura da versão assada.

Rende de 8 a 10 porções.

BASE

Estas quantidades são suficientes apenas para o fundo da fôrma. Se quiser forrar também as laterais, dobre as quantidades.

½ xícara de amêndoas em flocos

½ xícara de dextrose
⅓ de xícara de farinha simples
⅔ de xícara de coco
50 g de manteiga derretida (ou mais, se for preciso)

RECHEIO

3 colheres de chá de gelatina em pó
250 g de queijo cremoso
⅓ de xícara de suco de limão
1 colher de chá de casca de limão
¾ de xícara de dextrose (ou ½ xícara, caso prefira menos doce)
250 ml de creme batido

Preparação da base

1. Preaqueça o forno a 150°C (300°F). Forre com papel-manteiga a base de uma fôrma pequena (20 cm). Unte a base e as laterais.
2. Em uma tigela, misture os ingredientes secos.
3. Acrescente a manteiga derretida e vá incorporando até que a mistura fique com uma aparência quebradiça.
4. Pressione a mistura sobre a base da fôrma já preparada (e as laterais, caso tinha massa suficiente).
5. Asse no forno até dourar. (Preste atenção; deve demorar de 10 a 15 minutos.) Deixe esfriar.

Preparação do recheio

1. Leve ao fogo uma panelinha com água, para aquecer. Ponha sobre essa panela uma tigela refratária com duas colheres de sopa de água quente.
2. Salpique gelatina em pó sobre a água quente e mexa para dissolver. Retire a tigela e deixe esfriar.
3. Bata o queijo cremoso, o suco de limão, a casca de limão e a dextrose por 4 a 5 minutos.
4. Junte a gelatina já fria.
5. Com uma colher grande de metal, junte o creme batido à mistura de queijo cremoso.

Montagem

1. Despeje o recheio na base já fria e ponha na geladeira antes de servir.

Torta de maçã

Claro que esta torta, com oito maçãs grandes, não é livre de glicose. Mas, se usarmos as cascas, garantimos pelo menos que todo o conteúdo da maçã – exceto, talvez, parte da água – seja aproveitado na torta. Conforme a generosidade de quem estiver servindo, uma fatia ($^1/_8$) desta torta corresponde a uma maçã. Nada preocupante.
Nesta receita, podem ser usadas frutas de vários tipos (com casca), puras ou em combinações – maçã e ruibarbo ou amora, por exemplo.

Rende 8 a 10 porções.

MASSA

1 xícara de farinha enriquecida com fermento
1 xícara de farinha simples
2 colheres de sopa de dextrose
155 g de manteiga fria picada
1 ovo ligeiramente batido
3 a 4 colheres de sopa de água gelada
ovo e/ou leite para pincelar

RECHEIO

8 maçãs grandes

¾ de xícara de água

2 colheres de sopa de canela

2 colheres de sopa de dextrose (essa quantidade pode variar de acordo com a doçura da fruta; a receita pode até ser feita sem dextrose)

Preparação da massa

1. Peneire juntas as farinhas e a dextrose.
2. Junte a manteiga, misturando com as pontas dos dedos até que a mistura se pareça com farelos de pão. Faça uma cova no centro.
3. Com uma faca, vá misturando o ovo e água suficiente para homogeneizar a massa.
4. Aperte a massa, formando uma bola, e refrigere por 20 minutos.

Preparação do recheio

1. Retire as sementes das maçãs e corte em fatias (deixando a casca).
2. Ponha as maçãs em uma panela com água, canela e dextrose.
3. Cubra e cozinhe em fogo brando, até que as maçãs estejam macias, mas sem perder a forma.
4. Deixe esfriar.

Faça a montagem

1. Preaqueça o forno a 180°C (350°F). Unte o fundo e as laterais de uma fôrma de torta com 24 cm de diâmetro.
2. Abra com um rolo $^2/_3$ da massa e forre com ela o fundo e as laterais da fôrma já preparada. Refrigere por 10 minutos.
3. Ponha na massa às colheradas a mistura de maçã já fria.
4. Abra com o rolo o restante da massa, para fazer a cobertura da torta. Se quiser, reserve um pouquinho de massa para decorar.
5. Ajeite a cobertura sobre a mistura de maçã, pressionando as bordas para prender. Pincele a cobertura da torta com ovo e/ou leite.

6. Faça pequenos cortes na cobertura da torta, para liberar o vapor.
7. Asse por cerca de 45 minutos ou até que esteja dourada e cozida.
8. Sirva com creme ou sorvete.

Cobertura sem nozes para crumble

A vantagem do "crumble" – uma receita de origem britânica – é que você pode adaptar a cobertura ao seu gosto, e o preparo demora apenas o tempo de aquecer as frutas e dourar a cobertura.

Rende 6 porções.

1 xícara de aveia instantânea
½ xícara de farinha simples
½ xícara de coco
⅓ de xícara de dextrose
125 g de manteiga derretida (ou mais, se necessário)

1. Em uma tigela, misture os ingredientes secos.
2. Adicione a manteiga e misture até que a cobertura tenha a consistência de farelos de pão grudentos (use mais manteiga, se necessário)
3. Preaqueça o forno a 180°C (350°F). Em uma assadeira de cerâmica ponha as frutas frescas ou cozidas e salpique a massa por cima. Asse até dourar.

Panacota

Adoro panacota. ("Pannacotta" significa nata cozida.) Entre as sobremesas à base de dextrose, esta é definitivamente a minha preferida. Gosto da textura e do sabor suave. Infelizmente, há grande diferença entre o paladar dos sucrólatras e das pessoas que não consomem açúcar. Os sucrólatras não conseguem perceber nuances e sutilezas do sabor. Se for o caso dos seus convidados, ofereça "bavaroise" de chocolate branco (página 216), que é bem mais doce.

Segundo Frank, um amigo nascido na Sicília, esta receita produz uma panacota perfeita. Ainda de acordo com ele, a panacota feita na Austrália é doce demais.

Rende 4 porções.

200 ml de leite
300 ml de creme espesso
uma fava de baunilha
1½ colher de chá de gelatina em pó
2 colheres de sopa de água morna
$^1/_3$ de xícara de dextrose

1. Unte 4 forminhas individuais de 100 ml e reserve.
2. Em uma panela, misture o leite e o creme.
3. Abra a vagem de baunilha, retire os grãos e ponha tudo na panela.
4. Aqueça em fogo baixo, mexendo constantemente. Deixe chegar quase ao ponto de fervura, sem ferver realmente. Tire a panela do fogo e retire a fava, deixando os grãos.
5. Espalhe a gelatina em pó sobre a água e deixe amolecer.
6. Adicione a gelatina amolecida à panela, batendo até dissolver completamente.
7. Deixe esfriar na geladeira por ½ hora.
8. Mexa a mistura, cuidando para que os grãos de baunilha fiquem bem distribuídos.
9. Despeje nas forminhas individuais e deixe por várias horas na geladeira, para endurecer.
10. Sirva com frutas, e não com sorvete. Ainda que feito com dextrose, o sorvete é bastante doce, e seu sabor e textura dominariam o sabor suave e a textura da panacota.

Bavaroise de chocolate branco

Embora esta receita não inclua chocolate branco, a doçura me faz lembrar tanto do gosto que decidi dar-lhe o nome assim mesmo. Nem é "bavaroise", pois não usa ovos. No entanto, para o meu paladar, tem o gosto magnífico do chocolate branco da Bavária.

Rende 6 porções.

1 xícara de leite
2 xícaras de creme espesso
1 xícara de dextrose
1 fava de baunilha
1 colher de sopa de gelatina em pó
3 colheres de sopa de água morna (para dissolver a gelatina)

1. Unte 6 forminhas individuais com capacidade para 100 ml e reserve.
2. Aqueça o leite, o creme e a fava de baunilha aberta no sentido do comprimento, até quase o ponto de fervura.
3. Espalhe a gelatina sobre a água e deixe amolecer.
4. Misture a gelatina à mistura de creme que está sobre o fogão. Cozinhe em fogo brando por 4 minutos.
5. Mexa com força e distribua pelas forminhas untadas.
6. Refrigere por 4 a 6 horas ou até que esteja firme.

Delícia de maracujá

De início, esta era uma receita de suflê. E ela realmente cresce – daí a necessidade de servir imediatamente –, mas não tanto quanto seria de esperar. Então, para não frustrar expectativas, mudei o nome.

A receita tem suco de maracujá, que é 5% frutose. Assim, chega-se ao total de 1,5 grama de frutose, que representa uma quantidade insignificante em cada porção, apesar da ausência de fibras.

Rende 4 porções.

1 colher de chá de manteiga
2 ovos (claras e gemas separadas)
$^1/_3$ de xícara + 2 colheres de sopa extras de dextrose
30 ml de suco de maracujá
1 pitada de sal

1. Preaqueça o forno a 180ºC (350ºF). Pegue 4 forminhas grandes (150 ml), unte com manteiga e salpique a dextrose extra (2 colheres de sopa).
2. Bata em creme as gemas com a metade da dextrose, até clarearem um pouco e dissolver a dextrose.
3. Acrescente o suco. Misture e reserve.
4. Em outra tigela, bata as claras de ovos com sal. Antes de formar picos, adicione metade da dextrose restante, bata e junte a outra metade. Bata até chegar ao ponto de neve.
5. Adicione $^1/_3$ das claras à mistura de gemas e vá acrescentando aos poucos o restante.
6. Arrume as forminhas em uma assadeira com água até a metade e asse em banho-maria por 12 a 15 minutos, até que cresça um pouco e ganhe cor. Sirva imediatamente.

Suflê de baunilha

Este, sim, é um delicioso suflê bem fofinho. Use uma fôrma grande ou várias forminhas. No caso da fôrma grande, deixe assar por aproximadamente o dobro do tempo. O banho-maria não é indispensável, mas descobrimos que, no caso de suflês que tenham farinha, evita-se a formação de uma crosta dura embaixo.

Rende 4 porções.

30 g de manteiga + 1 colher de chá extra
¼ de xícara de dextrose + 2 colheres de sopa extras
3 colheres de sopa de farinha
1 xícara de leite
essência de baunilha
3 gemas de ovos
4 claras de ovos

1. Preaqueça o forno a 180°C (350°F). Pegue 4 forminhas grandes (150 ml), unte com a manteiga extra (1 colher de chá) e salpique a dextrose extra (2 colheres de sopa).
2. Derreta a manteiga e acrescente a farinha, cozinhando delicadamente.
3. Adicione o leite, mexendo até que a mistura ferva e engrosse.
4. Junte a dextrose e a essência de baunilha. Tire do fogo e deixe esfriar.
5. Junte as gemas de ovos.
6. Em outra tigela, bata as claras até ficarem firmes. Junte à mistura de baunilha.
7. Despeje a mistura nas forminhas já preparadas.
8. Arrume as forminhas em uma assadeira com água até a metade e asse por 30 minutos ou até que os suflês cresçam e estejam dourados. Tire do forno com cuidado. Você não vai querer que eles murchem.

Desjejum

A pessoa não pode viver só de torrada com manteiga nem de ovos com bacon. Aqui vão algumas ideias para o café da manhã.

Panquecas

Panquecas são a especialidade da minha filha de 10 anos. Ela adora preparar um monte de panquecas no fim de semana. O difícil é manter o restante da família à distância, para ter tempo de formar uma pilha visualmente agradável.

Rende 6 porções para as crianças da família Gillespie. (Pode variar.)

2 xícaras de farinha enriquecida com fermento
¼ de xícara de dextrose
1 colher de chá de fermento em pó
1½ xícara de leite
3 ovos ligeiramente batidos
½ colher de chá de essência de baunilha
1 pitada de sal
50 g de manteiga derretida e já fria

1. Em uma tigela, passe pela peneira os ingredientes secos.
2. Em uma jarra grande, misture os ingredientes úmidos, exceto a manteiga.
3. Adicione os ingredientes secos e a manteiga à jarra e misture. Não mexa demais; não faz mal se ficarem grumos.
4. Ponha uma frigideira untada sobre fogo moderado e espere a temperatura subir.
5. Despeje a massa até alcançar o tamanho de uma panqueca.
6. Cozinhe até se formarem bolhas na superfície da panqueca. Vire, para cozinhar o outro lado.
7. Pressione com o dedo a superfície da panqueca. Se voltar para o lugar, em vez de deixar uma depressão, está pronta.

8. Sirva com manteiga ou salpique dextrose e frutas de baga. As panquecas também ficam bem com um ovo poché e molho holandês simples por cima (página 180).

Granola da família Phillips

As nozes desta receita têm traços de frutose, mas também grande quantidade de fibras. Além disso, não usa trigo. Nossos agradecimentos à família Phillips.

Rende aproximadamente 10 a 14 porções.

1 xícara de amendoins torrados sem sal
1 xícara de nozes-de-macadâmia
1 xícara de nozes
¼ de xícara de sementes de girassol
¼ de xícara de coco desidratado
3 xícaras de flocos de aveia

1. Processe rapidamente as nozes no processador, de modo que algumas continuem inteiras.
2. Em um recipiente com tampa, que feche hermeticamente, misture as nozes aos outros ingredientes. Sacuda o recipiente tampado até alcançar uma consistência uniforme.
3. Sirva com leite frio e/ou iogurte natural e, se quiser, frutas picadas. Outra ideia é levar a granola ao micro-ondas com um pouco de leite, para um desjejum quentinho.

NOTAS

Ao longo do livro, você tomou conhecimento de vários estudos de casos. Os depoimentos foram colhidos (com permissão) diretamente de comentários postados no fórum on-line que mantenho em http://sweetpoison.myfreeforum.org/index.php, afora a edição para correção gramatical (a editora é assim). A vantagem mais importante é que, em caso de dúvida, o leitor pode entrar no fórum e fazer a pergunta diretamente. A internet é o máximo!

Introdução

Infelizmente, aqueles a quem confiamos a nossa saúde parecem ter desistido, antes mesmo de tentar, da empreitada de nos afastar do açúcar. Veja o que recolhi neste guia australiano para a alimentação de adultos, o "Dietary Guidelines for Australian Adults" 2003 (página 186), disponível em nhmrc.gov.au/_files_nhmrc/file/publications/synopses/n33.pdf: "...uso moderado de açúcares como adoçante, para realçar o sabor, pode realmente melhorar a palatabilidade dos alimentos e aumentar o consumo geral de nutrientes.

Uma dieta completamente sem açúcar seria impraticável. Daí esta orientação: 'Consuma com moderação açúcares e alimentos com adição de açúcar.'"

1. Doce veneno

A fonte da **figura 1.1** é "The History of Sugar" (Chapman & Hall), de Noel Deer, publicado em 1949, da qual converti aproximadamente os preços para dólares australianos.

A não ser quando informo o contrário, neste capítulo as estatísticas sobre obesidade são baseadas nos Estados Unidos, que são a única fonte confiável de dados tão distantes.

O texto médico onde se encontra a informação de que as pessoas comem mais quando se exercitam mais é "Obesity and Leanness", de Hugo R. Rony, publicado na Filadélfia, em 1940, pela Lea & Febiger.

O guia sobre atividade física publicado pela American Heart Association e pelo American College of Sports Medicine em agosto de 2007 (medscape.com/viewarticle/561348) passou em revista todas as evidências disponíveis. O recomendado foram 30 minutos de atividade física, cinco dias por semana, para "promover e manter a saúde". Nota-se no guia a ausência de qualquer indicação relativa ao exercício físico como contribuição definitiva para a redução de peso. O mais próximo disso é este trecho:

"É RAZOÁVEL PRESUMIR QUE INDIVÍDUOS COM GASTO DIÁRIO DE ENERGIA RELATIVAMENTE ELEVADO APRESENTEM MENOR PROBABILIDADE DE GANHAR PESO COM O DECORRER DO TEMPO, EM COMPARAÇÃO AOS QUE DESPENDEM POUCA ENERGIA. POR ENQUANTO, OS DADOS QUE SUSTENTAM ESSA HIPÓTESE NÃO SÃO ESPECIALMENTE ANIMADORES.

Os dados da **figura 1.2** foram colhidos no US Centers for Disease Control NHANES Surveys (cdc.gov/nchs/nhanes.htm) para os números a partir de 1960. No caso dos números de 1870, usei dados da Union Army (cpe.uchicago.edu/unionarmy/unionarmy.html).

Os números sobre a obesidade dos australianos vêm de excelentes relatos organizados pelo Australian Institute of Health and Welfare

(HTTP://www.aihw.gov.au/publications/gep/gpaia98-99-07-08-10ydt/gpaia98-99-07-08-10ydt-c14.pdf).

Os dados sobre a quantidade de exercícios praticados pelos australianos vêm da publicação anual "Exercise, Recreation and Sport Survey", preparada pela Australian Sport Commission (ausport.gov.au/information/scors/ERASS/exercise,_recreation_and_sport_survey_past_reports/erass_2008).

Os dados sobre vendas de equipamentos esportivos nos Estados Unidos são uma cortesia da SGMA, a associação de marcas líderes em esporte e "fitness" (sgma.com/press/3/U.S.-Sports-Industry:-Nearly-a-$70-Billion-Business).

Se você se interessa pelo que acontece aos ratos alimentados com frutose, este é um bom ponto de partida: "Fructose-induced metabolic syndrome is associated with glomerular hypertension and renal microvascular damage in rats" (ajprenal.physiology.org/CGI/content/abstract/292/1/F423?ijkey=673f17fd19cb402ec40ee5b6e7215f17e1359c44&keytype2=tf_ipsecsha).

A **figura 1.3** resultou da fusão de dados do US Department of Agriculture (USDA) sobre o consumo de alimentos (ers.usda.gov/data/FoodConsumption/) desde 1909 com dados do Union Army (veja acima) anteriores a essa data.

A fonte dos dados sobre consumo de calorias é a base de dados da USDA (ers.usda.gov/Data/FoodConsumption/FoodGuideIndex.html). A medida da quantidade de alimentos consumida pela população não é precisa, por não levar em conta o fato de que crianças de 2 anos de idade às vezes só comem a metade do que está no prato, além de outras formas menos sérias de desperdício. Em termos de tendência de consumo, porém, é uma boa aproximação, supondo-se que o desperdício seja mais ou menos o equivalente ao consumo.

As estatísticas sobre diabetes nos Estados Unidos vêm de "Full Accounting of Diabetes and Pre-Diabetes in the U.S. Population in 1988-1994 and 2005-2006 (care.diabetesjournals.org/content/32/2/287.abstract).

O estudo sobre um grupo (ou seria um monte?) de gêmeos suecos é "Mid-and Late-Life Diabetes in Relation to the the Risk of Dementia – A Population-Based Twin Study (diabetes.diabetesjournals.org/content/58/1/71.full).

Os dados sobre o número de australianos portadores do mal de Alzheimer vêm de "Keeping Dementia Front of Mind: Incidence and prevalence 2009-2050", um trabalho de Access Economics for Alzheimer's Australia (alzheimers.org.au/upload/Front_of_Mind_Full_Report.pdf).

O estudo sobre deficiência da função cognitiva é "Relationship Between Baseline Glycemic Control and Cognitive Function in Individuals with Type 2 Diabetes and Other Cardiovascular Risk Factors", que pode ser encontrado online em care.diabetesjournals.org/content/32/2/221.full.

Um resumo do estudo da Stanford School of Medicine sobre a relação entre câncer de mama e cortisol pode ser encontrado on-line em med.stanford.edu/ism/2009/August/depression.html.

Surpresa! Açúcar vicia.

Um resumo do estudo de Princeton encontra-se disponível on-line em sciencedirect.com/science?_ob=ArticleURL&_udi=B6T0J-4BS0KSK-1&_user=10&_coverDate=12/31/2008&_rdoc=1&_fmt=high&_orig=search&_sort=d&_docanchor=&view=c&_searchStrld=1202650230&_rerunOrigin=scholar.google&_acct=C000050221&_version=1&_urlVersion=0&_userid=10&md5=63823204f76aea7a9e57f79daea38d0a.

O estudo Duke está em HTTP://www.sciencedirect.com/science?_ob=ArticleURL&_udi=B6WSS_4S4SJTX_J&_user=10&_rdoc=1&_fmt=&_orig=search&_sort=d&view=c&_acct=C000050221&_version=1&_urlVersion=0&_userid=10&md5=b1b01f1faa22e884d61d9e2b72b1c055.

Se quiser ler a versão completa de qualquer desses (vamos lá, eu sei que você consegue), vai ter de mexer no bolso.

Pelo menos para alguns, a jardinagem é uma atividade prazerosa e, como tal, estimula a resposta de dopamina. Mas trata-se de um pico, apenas. Esse prazer não suprime os receptores de dopamina, como fazem as anfetaminas e a frutose, e os receptores opioides não são incrementados. Portanto, o prazer existe, mas é passageiro; não vicia.

O trabalho de Traci Mann sobre dietas com restrição de calorias pode ser encontrado em http://psycnet.apa.org/index.cfm?-fa=buy.optionToBuy&id=2007-04834-008&CFID=5232229&CFTOKEN=21444842.

2. Como interromper a dependência

Terceiro passo – Eliminação do açúcar

Se você quiser saber mais sobre informações nutricionais e rótulos de alimentos em geral, o Food Standards Australia and New Zealand preparou uma explicação bem ampla que está disponível em foodstandards.gov.au/consumerinformation/foodlabelling/.

Em howmuchsugar.com você pode tomar conhecimento dos produtos que pesquisei nas prateleiras do supermercado que frequento, embora não tenha examinado todos os rótulos de todas as marcas. A lista serve como guia. Leia sempre os rótulos dos produtos, para verificar o conteúdo de açúcar.

Um dos mais recentes estudos sobre vantagens e desvantagens das vitaminas é "Mortality in Randomized Trials of Antioxidant Supplements for Primary and Secondary Prevention – Systematic Review and Meta--analysis", que pode ser encontrado em jama.ama-assn.org/cgi/content/full/297/8/842.

Muitas das listas que ofereço, sem mencionar o nome de produtos específicos, baseiam-se em bases de dados disponíveis para o público. Eis algumas das melhores:

- **NUTTAB** é a base de dados de valores nutricionais da Food Standards Australia and New Zealand. Lá se encontram informações sobre aproximadamente 169 nutrientes: foodstandards.gov.au/

consumerinformation/nuttab2006/onlineversionintroduction/

- **Fineli** é uma base de dados mantida pelo Finland's National Institute of Health and Welfare: fineli.fi/index.php?lang=en
- O US Department of Agriculture mantém uma base de dados on-line igualmente extensa: nal.usda.gov/fnic/foodcomp/search/

Se você comparar o teor de açúcar de determinado alimento em todas essas bases de dados, talvez encontre diferença. Isso reflete a de um padrão para maçãs, uvas ou cenouras. Há variações – às vezes grande – em teor de açúcar, conforme a região. As tabelas do segundo capítulo servem mais como elemento de comparação do que como informação definitiva sobre a quantidade de açúcar em determinados alimentos.

Dois dos recentes estudos sobre potenciais efeitos benéficos do álcool são: "Alcohol and Cardiovascular Health (content.onlinejacc.org/CGI/content/abstract/50/11/1009) e "Beneficial Postprandial Effect of a Small Amount of Alcohol on Diabetes and Cardiovascular Risk Factors: Modification by Insulin Resistance" (jcem.endojournals.org/CGI/content/abstract/90/2/661).

Quarto passo – Abstinência

Em "De repente" (página 78), digo que, iniciado o período de abstinência, nenhuma frutose deve ser permitida. Pelos relatos que tenho recebido, isso não vale para todo mundo. A quantidade que "liga a chave" do desejo parece variar de pessoa para pessoa. Algumas comem um quadradinho de chocolate, e tudo bem. Outras (como eu) nem isso podem.

Homens são de Marte

O estudo do dr. MacDonald's sobre as diferenças entre homens e mulheres, no que se refere ao consumo de frutose, está disponível on-line em ajcn.org/cgi/reprint/18/5/369, e o estudo da Lausanne University que trata das conclusões pode ser encontrado em care.diabetesjournals.org/content/31/6/1254.full.

O dr. Krauss publicou vários trabalhos sobre o tamanho das partículas de LDL. A lista dessas publicações encontra-se em chori.org/

Principal_Investigators/Krauss_Ronald/krauss_pubs.html. O texto completo do estudo que relaciona o consumo de frutose ao tamanho das partículas de LDL, feito com escolares suíços, está disponível on-line em ajcn.org/CGI/content/full/86/4/1174.

Qual fruta?

O "Australian Guide to Healthy Eating" está disponível em health.gov.au/internet/healthyactive/publishing.nsf/Content/eating, para o caso de você se interessar em saber quantas frutas os australianos dizem comer.

Manteiga ou margarina

A descrição da experiência que John Yudkin fez com 11 pessoas está disponível em ajcn.org/cgi/reprint/23/7/948. O estudo que Ancel Key fez com 36 pessoas não está disponível on-line, a não ser que você faça uma assinatura do "British Medical Bulletin". Se quiser fazer isso, o endereço é bmb.oxfordjournals.org/cgi/reprint/8/4/395-b.

3. Planejamento de refeições

Para o caso de algum advogado do McDonald's estar lendo isto, publiquei seus cardápios como exemplo por ser essa uma das poucas redes de fast-food que disponibiliza informações nutricionais detalhadas. As listas são simples reproduções daquelas publicadas pelo próprio McDonald's. Se você preferir ler os originais, eles estão em mcdonalds.com.au/our-food/nutrition.

Mamãe e papai, o que temos para o almoço?

O estudo com escolares do Reino Unido está disponível no "British Medical Journal" on-line em bmj.com/cgi/content/full/328/7450/1237.

O estudo sobre crianças e cereais de café da manhã, feito pela Yale University, não foi publicado até o momento em que escrevo, mas você pode baixar um resumo em cerealfacts.org/media/Sugar_Cereal_Study.pdf.

4. O que é isto, afinal?

Os três estudos sobre potenciais desvantagens dos adoçantes artificiais, mencionados no capítulo, são:

- "Diet Soda and Risk of Incident Metabolic Syndrome and Type 2 Diabetes in the Multi-Ethnic Study of Atherosclerosis (MESA)" (care.diabetesjournals.org/cgi/content/full/116/5/480.full);
- "Dietary Intake and the Development of the Metabolic Syndrome: The Atherosclerosis Risk in Communities Study" (circ.ahajournals.org/cgi/content/full/116/5/480?ijkey=8d508adefbc35e188bb26910699194c845c4fc78); e
- "SoftDrinkConsumptionandRiskofDevelopingCardiometabolic Syndrome in Middle-aged Adults in the Community" (circ.ahajournals.org/cgi/content/full/116/5/480?ijkey=8d508adefbc35e188bb26910699194c845c4fc78).

O resumo do estudo com ratos feito por Susan Swithers e Terry Davidson está disponível em psycnet.apa.org/índex.cfm?fa=buy.optionToBuy&id=2008-01943-017&CFID=6120165&CFTOKEN=71116537, mas, se quiser ler o texto na íntegra, você vai ter de desembolsar 11, 95 dólares.

5. Receitas

Você está à procura de notas sobre as receitas? Ora, caia na real! Ligue o forno, comece a cozinhar e faça os comentários!

AGRADECIMENTOS

Embora eu soubesse apenas ferver água e torrar pão, não estava em posição de escrever um livro de receitas e, muito menos, de experimentar um ingrediente novo e estranho. Portanto, sou eternamente grato à minha adorável mulher, Lizzie – e à nossa equipe de seis provadores – pelos esforços e pela importante ajuda. Foram seis meses de criação, ensaio, fracasso, tentativa e, um dia, sucesso. Agradeço pela extrema persistência, atenção aos detalhes e dedicação à vida livre de açúcar que estamos criando para a nossa família.

Além das crianças, contamos com um exército de bravos testadores que merecem reconhecimento por abrirem caminho às colheradas pelo que deve ter parecido uma sucessão interminável de experiências saídas da cozinha da família Gillespie. Tatjana, da cantina escolar, inspirou Lizzie e uniu-se a ela nas rodadas de experiências. Beth foi além, ao criar e experimentar variações que às vezes oferecia ao marido sucrólatra, sem revelar completamente de que se tratava. Melinda e Susan (e suas famílias) raramente escapavam do ambiente escolar sem receber um muffin ou um merengue para apreciação.

Procuro evitar qualquer tipo de insistência sobre "açúcar" com quem é obrigado a conviver longamente comigo. Por isso fiquei muito surpreso quando Darren Phillips, um amigo americano que ajudo a mexer no computador, me apresentou suas receitas de ketchup e granola. Ele vinha aos poucos iniciando a família na vida sem açúcar, mas enfrentava problemas com esses dois alimentos essenciais. Detalhista, Darren se dedicou à tarefa de criar para ambos receitas sem açúcar.

Os resultados foram tão bons que pedi permissão para incluí-las neste livro.

Quando "Sweet Poison" foi lançado, eu relatava um único estudo de caso: o meu. Hoje, milhares de pessoas começaram uma vida sem açúcar. Muitas delas compartilham suas experiências nos fóruns de discussão localizados em http://sweetpoison.myfreeforum.org/index.php. Koboli, Vicki J, Mikedufty, AJ, Raegose, Marita, Wise23girl, Lani, Paul e Bushturkey têm contribuído regularmente. Fico muito agradecido por seus comentários sensatos, pelas "dicas" on-line e, em especial, por terem permitido que eu conte suas histórias neste livro.

Ingrid Ohlsson, da Penguin, concluiu que "Sweet Poison" só havia contado a metade da história. Assim, é graças a ela que você tem em mãos a história restante. Frank, como sempre, assumiu as negociações, além de ser o principal provador da panacota, em homenagem a suas raízes italianas.

Nicci Dodanwela incorporou o fanatismo pela verificação, próprio dos editores da Penguin, elevando ainda mais esse cuidado. Se este livro se tornou uma experiência de leitura agradável e precisa, isso se deve inteiramente ao empenho de Nicci. Se não, ela é a culpada.